Aplicaciones industriales del aprendizaje automático y la inteligencia artificial. IFCD0063

Beatriz Coronado García

Aplicaciones industriales del aprendizaje automático y la inteligencia artificial. IFCD0063
© Beatriz Coronado García

1ª Edición

© IC Editorial, 2025

Editado por: IC Editorial
c/ Cueva de Viera, 2, Local 3
Centro Negocios CADI
29200 Antequera (Málaga)
Teléfono: 952 70 60 04
Fax: 952 84 55 03
Correo electrónico: iceditorial@iceditorial.com
Internet: www.iceditorial.com

ISBN: 978-84-1184-628-8
Depósito Legal: MA 337-2025

Impresión: PODiPrint
Impreso en Andalucía – España

Nota de la editorial: IC Editorial pertenece a Innovación y Cualificación S. L.

Especialidad formativa

Se entiende por especialidad formativa la agrupación de contenidos, competencias profesionales y especificaciones técnicas que responde a un conjunto de actividades de trabajo enmarcadas en una fase del proceso de producción y con funciones afines.

Las especialidades formativas de Uso General, Formación Complementaria, Formación Modular y las especialidades formativas dirigidas a la obtención de certificados de profesionalidad se incluyen en el Fichero de Especialidades del Servicio Público de Empleo Estatal para su gestión en todo el territorio nacional por cualquier Administración competente.

Las especialidades complementarias, pertenecen todas a la Familia profesional de Formación Complementaria (FCO) y tienen la consideración de formación transversal en áreas que se consideran prioritarias tanto en el marco de la Estrategia Europea para el Empleo y del Sistema Nacional de Empleo como en las directrices establecidas por la Unión Europea. Se consideran áreas prioritarias las relativas a tecnologías de la información y la comunicación, la prevención de riesgos laborales, la sensibilización en medio ambiente, la promoción de la igualdad, la orientación profesional y aquellas otras que se establezcan por la Administración competente.

Las especialidades de Certificado de profesionalidad tienen una duración especificada en su normativa reguladora.

En el resultado de la búsqueda, se muestran las unidades de competencia, todos los módulos formativos con su duración y las unidades formativas del certificado correspondiente, con su duración. Las horas del certificado, exclusivo de las especialidades de certificado de profesionalidad, con alta igual o superior a 2008, son las horas totales más las horas del módulo de Prácticas Profesionales no Laborales.

- **Si la especialidad tiene unidades formativas,** las horas totales, presencial, distancia, teleformación serán igual a la suma de esas horas de las unidades formativas de los distintos módulos, sin que se repita ninguna Unidad formativa.

- ⮌ **Si la especialidad no tiene unidades formativas,** las horas totales, presencial, distancia, teleformación serán igual a las sumas de esas horas de los módulos formativos, eliminando las horas de los módulos repetidos.

https://sede.sepe.gob.es/especialidadesformativas/RXBuscadorEFRED/BusquedaEspecialidades.do

(Fuente: Servicio Público de Empleo Estatal)

Índice

OBJETIVOS GENERALES

Los objetivos generales del **IFCD0063. Aplicaciones industriales del aprendizaje automático y la inteligencia artificial,** son los siguientes:

- ⊃ Definir los conceptos básicos sobre inteligencia artificial, aprendizaje automático y el funcionamiento de los diferentes tipos de redes neuronales.
- ⊃ Describir la evolución que ha tenido lugar en el ámbito de la inteligencia artificial y del *machine learning.*
- ⊃ Distinguir el concepto de red neuronal entre los diferentes tipos de redes existentes utilizando herramientas de *deep learning.*
- ⊃ Aplicar los conceptos obtenidos en ejercicios prácticos utilizando las herramientas *Keras/Tensor Flow.*

Evolución histórica de la inteligencia artificial y *machine learning*

Contenido

Objetivos

El objetivo general de esta Unidad de Aprendizaje es:

→ Describir la evolución que ha tenido lugar en el ámbito de la inteligencia artificial y del *machine learning*.

Los objetivos específicos de esta Unidad de Aprendizaje son:

→ Identificar los hitos históricos clave en el desarrollo de la inteligencia artificial y el aprendizaje automático, desde sus inicios hasta la actualidad.

→ Explicar los principios y conceptos básicos que subyacen a la inteligencia artificial y al aprendizaje automático.

→ Analizar la evolución de las redes neuronales y su impacto en el desarrollo de técnicas avanzadas de aprendizaje profundo.

→ Comprender cómo la inteligencia artificial y el aprendizaje automático se aplican en el sector industrial para mejorar la eficiencia y competitividad.

→ Comprender la importancia del monitoreo y ajuste continuo de los modelos de *machine learning* para garantizar predicciones precisas en un entorno dinámico.

1. Introducción

La inteligencia artificial (IA) y el *machine learning* (ML) o aprendizaje automático han transformado radicalmente múltiples aspectos de nuestra vida cotidiana y profesional. Desde sus inicios como un área de interés académico hasta convertirse en una tecnología esencial en la era digital, su impacto se ha extendido a lo largo de sectores tan variados como la manufactura, la medicina y las finanzas. Estos avances han permitido no solo optimizar procesos y analizar grandes volúmenes de datos, sino también resolver problemas complejos de forma eficiente y precisa.

En el corazón de esta transformación se encuentran conceptos clave como el aprendizaje supervisado y no supervisado, que representan enfoques fundamentales para el tratamiento de problemas específicos. Mientras que el aprendizaje supervisado se basa en datos etiquetados para predecir resultados, el aprendizaje no supervisado es ideal para descubrir patrones ocultos en conjuntos de datos no estructurados. A medida que estas técnicas se perfeccionan, ramas como las redes neuronales y el *deep learning* han revolucionado la forma en que abordamos tareas complejas, desde el reconocimiento de imágenes hasta la automatización de decisiones en tiempo real.

Un claro ejemplo de cómo la IA está redefiniendo el panorama global se encuentra en la industria automotriz, donde las innovaciones han allanado el camino para los vehículos autónomos, que prometen una conducción más segura y eficiente. Este es solo un indicio del vasto potencial que la IA tiene para transformar el mundo en el que vivimos.

Este módulo tiene como objetivo proporcionar una comprensión sólida de los fundamentos de la IA y ML, explorando su impacto presente y futuro en diversas industrias. Para ilustrar estos conceptos, se analizará el caso práctico de la empresa Soluciones IA S. A., que ha implementado herramientas de IA para optimizar sus servicios. A lo largo del contenido, se demostrará cómo estos principios pueden aplicarse para impulsar la innovación y mejorar la eficiencia operativa.

2. Introducción a la inteligencia artificial y *machine learning*

👉 **HILO CONDUCTOR**

Para responder a la demanda de servicios inteligentes en su sector, Soluciones IA S. A. ha comenzado a implementar sistemas basados en inteligencia artificial (IA) y *machine learning* (ML). La IA se refiere a la capacidad de una máquina para imitar funciones cognitivas humanas, como el aprendizaje y la resolución de problemas, mientras que el ML, una rama de la IA, se centra en dotar a los sistemas de la habilidad de aprender de los datos y mejorar su rendimiento sin intervención humana explícita. Para Soluciones IA S. A. esto significa poder analizar grandes volúmenes de datos en tiempo real y adaptar sus operaciones, lo cual proporciona una ventaja competitiva clave en el mercado actual.

La **IA** y el **ML** son conceptos fundamentales en la tecnología actual, se han convertido en motores de transformación para diversas industrias. Para comprender su alcance, es importante conocer los principios que rigen cada uno.

La IA es una disciplina de la informática que permite a las máquinas realizar tareas que normalmente requieren **inteligencia humana,** como el razonamiento, la percepción, la resolución de problemas y la toma de decisiones. En su esencia, la IA busca emular aspectos de la cognición humana para dotar a las máquinas de autonomía en ciertos procesos. Esta autonomía no implica únicamente la capacidad de ejecutar instrucciones predefinidas, sino de **adaptarse y mejorar su rendimiento** a medida que interactúan con su entorno.

Existen diferentes ramas dentro de la IA, entre las que se destacan:

IA débil	- Diseñada para realizar tareas específicas, como los asistentes virtuales o los sistemas de recomendación. No poseen capacidades generales de razonamiento.
IA fuerte	- Un concepto más ambicioso que implica dotar a las máquinas de una inteligencia similar a la humana, capaz de entender, aprender y aplicar conocimientos en una amplia variedad de tareas.

Dentro de las aplicaciones actuales de IA débil, encontramos desde **algoritmos de búsqueda** y **análisis de datos** hasta modelos complejos de **procesamiento de lenguaje natural (NLP)** y **visión por ordenador.** Estos sistemas han revolucionado sectores como el comercio, la atención médica y la industria automotriz, entre otros.

El *machine learning* es una subdisciplina de la IA que se centra en la capacidad de las máquinas para aprender de los datos. En lugar de programar explícitamente cada paso de un proceso, el ML permite que los sistemas **desarrollen patrones y predicciones** a partir de grandes volúmenes de datos, ajustando sus parámetros en función de los resultados obtenidos. Esta capacidad adaptativa permite que los modelos de ML **mejoren con la experiencia** sin intervención humana directa.

Existen varias **categorías de algoritmos de ML,** entre las que destacan:

- ⮂ **Aprendizaje supervisado.** En este tipo de aprendizaje, los algoritmos se entrenan con datos etiquetados, cada entrada tiene una salida conocida. El sistema aprende a relacionar los datos de entrada con los de salida, de modo que puede hacer predicciones precisas para nuevos datos. Algunos de los algoritmos supervisados más comunes son la regresión lineal, las máquinas de soporte vectorial y los árboles de decisión.
- ⮂ **Aprendizaje no supervisado.** Aquí los datos de entrada no tienen etiquetas y el sistema debe identificar patrones por sí mismo. Este tipo de aprendizaje es útil para tareas como la agrupación de datos *(clustering)* y la reducción de dimensionalidad. Los algoritmos de agrupación, como el *K-means* y el análisis de componentes principales (PCA), son ejemplos de este enfoque.
- ⮂ **Aprendizaje por refuerzo.** En el aprendizaje por refuerzo, el sistema aprende a través de un proceso de prueba y error, recibe recompensas o castigos en función de las acciones que realiza. Este método ha sido clave en el desarrollo de sistemas autónomos y en el logro de hazañas como vencer a jugadores humanos en juegos de estrategia. Algoritmos como *Q-learning* y los modelos de decisión de Markov son fundamentales en este tipo de aprendizaje.

NOTA

La relación entre IA y ML es simbiótica: la IA proporciona el marco para crear sistemas inteligentes, mientras que el ML ofrece las técnicas para que estos

Continúa en página siguiente >>

<< Viene de página anterior

sistemas aprendan y evolucionen a partir de los datos. En la práctica, esta combinación ha permitido desarrollar sistemas altamente sofisticados, como los asistentes virtuales, que integran técnicas de NLP y aprendizaje profundo para entender y responder a comandos humanos de manera precisa.

2.1. Evolución histórica de la inteligencia artificial

☞ HILO CONDUCTOR

Soluciones IA S. A. ha recorrido el camino de la IA desde sus inicios hasta los desarrollos más actuales para aprovechar sus aplicaciones. La evolución de la IA ha pasado por varias etapas, desde los primeros intentos de construir sistemas expertos, basados en reglas lógicas y conocimiento estructurado, hasta los avances recientes en redes neuronales y algoritmos de aprendizaje profundo. A medida que la tecnología ha progresado, las herramientas y técnicas de IA se han vuelto más accesibles y efectivas, permitiendo a empresas como Soluciones IA S. A. aplicar modelos avanzados que van más allá del procesamiento de datos básico, y abordan problemas complejos mediante algoritmos de optimización y aprendizaje adaptativo.

La evolución histórica de la inteligencia artificial (IA) es un viaje fascinante que abarca varias décadas de desarrollo tecnológico y avances teóricos. La semilla de la IA fue plantada incluso antes de la existencia de los ordenadores electrónicos modernos. A finales de la década de 1940, los matemáticos Alan Turing y John von Neumann sentaron las bases conceptuales para el desarrollo de la IA. Turing, en particular, propuso la idea de una "máquina universal", que eventualmente se conoció como "máquina de Turing", un concepto teórico de un dispositivo que podría simular cualquier proceso del pensamiento humano.

La década de 1940 marcó el inicio de avances en el campo de la computación y la IA, estableciendo las bases para el desarrollo de tecnologías y teorías que hoy son fundamentales. En estos años, surgieron conceptos innovadores en arquitectura computacional, cibernética, redes neuronales y algoritmos de aprendizaje, todos ellos **elementos** que siguen siendo **relevantes en la IA y el aprendizaje automático** actuales:

- **Arquitectura computacional.** La arquitectura Von Neumann, propuesta por el matemático John von Neumann, revolucionó la forma en que se construían las computadoras. La idea clave fue la de un diseño que permitía almacenar tanto los programas como los datos en la misma memoria, lo que facilitaba la programación y optimizando el uso de recursos. Este modelo, que se convirtió en el estándar para la mayoría de las computadoras modernas, ofrecía una estructura que permitía ejecutar instrucciones secuenciales y modificar el programa en curso.
- **Cibernética y control adaptativo.** Norbert Wiener, en su estudio sobre los sistemas de control y comunicación, introdujo el concepto cibernética, que enfatiza la importancia de la retroalimentación en los sistemas vivos y las máquinas. Este enfoque sobre el control adaptativo es un principio fundamental para muchas aplicaciones de IA, incluyendo redes neuronales y sistemas de control automatizado. Esta teoría influyó en los primeros intentos de simular el razonamiento humano en máquinas, un área que empezaron a explorar Herbert Simon y Allen Newell con programas como *Logic Theorist* y *General Problem Solver,* que representaron los primeros pasos en la inteligencia artificial.
- **Algoritmos de aprendizaje.** En 1952, Arthur Samuel introdujo el término aprendizaje automático al crear un programa de ajedrez para IBM, buscando que el sistema mejorara con la experiencia. Este concepto de "aprendizaje", que replicaba el proceso humano de mejora, se convirtió en la base para técnicas avanzadas de inteligencia artificial. Aunque el aprendizaje automático se ha expandido ampliamente desde entonces, la idea de aprendizaje basado en experiencia sigue siendo central en las técnicas actuales, incluyendo las redes neuronales y el *deep learning*.
- **Redes neuronales.** Warren McCulloch y Walter Pitts desarrollaron un modelo teórico para las redes neuronales, basándose en una representación matematica de las neuronas y su funcionamiento. Este enfoque matemático anticipó desarrollos futuros en IA, aunque los primeros modelos eran limitados en complejidad. Décadas después, en los años 80, Geoffrey Hinton y su equipo lograron avances significativos con el desarrollo del algoritmo de retropropagación, el cual permitió entrenar redes neuronales de manera eficiente y potenció el desarrollo de aplicaciones que hoy en día simulan funciones cognitivas complejas.

SABÍAS QUE...

La publicación de Turing "Computing Machinery and Intelligence" en 1950 presentó la pregunta fundamental: ¿Pueden las máquinas pensar? Su famoso **test de Turing** propuso un criterio práctico para determinar si una máquina podía exhibir un comportamiento indistinguible del pensamiento humano. Durante esta década, los ordenadores fueron principalmente herramientas de cálculo, y la idea de la IA parecía esotérica para muchos.

La era moderna de la IA comenzó oficialmente con la **Conferencia de Dartmouth en 1956**, cuando John McCarthy, Marvin Minsky, Nathaniel Rochester y Claude Shannon utilizaron por primera vez el término *inteligencia artificial*. Este evento reunió a los pioneros del nuevo campo para discutir cómo las máquinas podían ser programadas para imitar procesos cognitivos humanos. Se propusieron ideas sobre cómo los ordenadores podrían ser usados para resolver problemas complejos, jugar a juegos y comprender el lenguaje natural.

Los años que siguieron se caracterizaron por optimismo y entusiasmo por la IA. Propuestas como la **teoría lógica** de Allen Newell y Herbert A. Simon demostraron que los ordenadores podían resolver problemas de lógica simples. Además, el programa de ajedrez desarrollado en esta era, aunque rudimentario en comparación con los estándares actuales, fue uno de los primeros ejemplos de una máquina que realizaba tareas tradicionalmente asociadas con la inteligencia.

A pesar de los avances iniciales, la década de 1970 fue testigo de una "primavera" en la IA, seguida rápidamente de un "invierno". Las expectativas exageradamente optimistas sobre la capacidad de la IA para resolver cualquier problema llevaron a una serie de decepciones. Muchos proyectos sobreestimaron el poder de los ordenadores contemporáneos y subestimaron la complejidad del pensamiento humano. Los Gobiernos, que inicialmente habían financiado proyectos de AI generosamente, comenzaban a retirar fondos debido a la falta de resultados tangibles.

La convergencia de la IA y los sistemas industriales se acentuó con el desarrollo de controladores lógicos y sistemas expertos. En los años 1970, el **auge de los sistemas expertos** permitió simular procesos de toma de decisiones en industrias específicas, desde diagnósticos médicos hasta la gestión de inventarios y mantenimiento predictivo.

En la década de los 80 se produjo un renovado interés en la IA, en gran parte debido a la comercialización de sistemas expertos, como *Dendral* y *Mycin,* que demostraron que los ordenadores podían aplicar conjuntos de reglas específicas para realizar tareas complejas.

 **EJEMPLO**

Dendral, desarrollado para el análisis químico, ayudaba a los científicos a identificar estructuras moleculares complejas.

Mycin se especializaba en la diagnosis médica y el tratamiento de infecciones bacterianas. Utilizando reglas específicas, evaluaba síntomas y proporcionaba recomendaciones de tratamiento, demostrando la capacidad de las máquinas para ejecutar procesos de razonamiento en áreas complejas.

El reconocimiento de patrones y aplicaciones en juegos como el ajedrez, un campo en el que la IA tradicionalmente había demostrado cierta competencia, también progresó. La victoria del ordenador *Deep Blue* de IBM sobre el campeón mundial de ajedrez Garry Kasparov en 1997 fue un hito que demostró el potencial de la IA para enfrentarse a desafíos que requerían procesamiento profundo y análisis estratégico.

Durante esta era, también comenzó a surgir el **aprendizaje automático,** una subdisciplina de la IA que estudiaba algoritmos que permitieran a las máquinas aprender de datos. Métodos como las máquinas de soporte vectorial y los árboles de decisión demostraron ser eficaces en la clasificación y el reconocimiento de patrones en datos estructurados.

En la última década, la inteligencia artificial ha revolucionado una variedad de industrias. Este salto cuántico fue impulsado principalmente por los procesamientos de datos masivos y los avances en servicios en la nube, que proporcionaron la potencia computacional necesaria para ejecutar modelos de IA complejos.

En 2012, un equipo liderado por Geoffrey Hinton en la Universidad de Toronto demostró el potencial de las **redes neuronales profundas** a través de un concurso de reconocimiento de imágenes, lo que catapultó el aprendizaje profundo al centro del desarrollo de IA. Este hito marcó el inicio de una era en la que la IA comenzó a manejar datos no estructurados como imágenes y lenguaje humano con una eficacia sin precedentes.

Algunos ejemplos concretos de **aplicaciones de IA** que han emergido en los últimos años son los siguientes:

Vehículos autónomos
- Los vehículos autónomos representan un avance en la IA que permite a los sistemas tomar decisiones en tiempo real, aumentando la seguridad vial y reduciendo la necesidad de intervención humana.

Asistencia sanitaria personalizada
- La asistencia sanitaria personalizada utiliza IA para analizar datos del paciente y ofrecer tratamientos adaptados, mejorando la precisión y efectividad de los cuidados médicos.

Procesamiento del lenguaje natural (PLN)
- Asistentes virtuales como *Siri* y *Alexa*, por ejemplo. Los asistentes virtuales, impulsados por el procesamiento del lenguaje natural, transforman la interacción humano-computadora al comprender y responder a comandos en lenguaje cotidiano.

La robótica, siempre en evolución, se ha beneficiado enormemente del progreso de la IA, produciendo robots con la capacidad de percepción y aprendizaje autónomos. Con la introducción de algoritmos de aprendizaje reforzado, los robots y los sistemas autónomos han demostrado habilidades excepcionales en tareas complejas de navegación y manipulación, desde robótica industrial hasta vehículos autónomos.

 EJEMPLO

El robot Atlas de Boston Dynamics es un ejemplo espectacular de lo que estas tecnologías pueden lograr, demostrando capacidades físicas y cognitivas avanzadas gracias a sofisticados algoritmos de IA. Esto está transformando sectores como la fabricación, la logística y hasta las aplicaciones espaciales.

La IA no solo afecta a industrias individuales, sino que tiene un impacto significativo en la economía y la sociedad en su conjunto. Hoy en día, aplicaciones como el aprendizaje automático permiten análisis predictivos en finanzas, rutas óptimas en logística y personalización avanzada de servicios al cliente, representando mejoras masivas en productividad y eficiencia.

Avanzando en la era digital, la inteligencia artificial se está convirtiendo en una parte esencial de la infraestructura digital del mundo. Con la continua evolución de tecnologías complementarias como el **Internet de las Cosas (IoT) y el 5G,** la integración de IA en sistemas y dispositivos promete generar un ecosistema aún más conectado y automodificado en tiempo real. Las aplicaciones futuras prometen transformar ámbitos como la educación personalizada, las ciudades inteligentes y la atención sanitaria preventiva.

Desde sus humildes comienzos de manipulación de símbolos y lógica de reglas estrictas, pasando por innovaciones en redes neuronales y ML, hasta su integración ubicua en casi todas las facetas de la vida moderna, el camino de la IA ha sido de constante avance y adaptación. Mientras continuamos hacia el futuro, el potencial de la IA para cambiar paradigmas tecnológicos y sociales sigue acelerándose, delineando un siglo XXI lleno de innovaciones impredecibles pero emocionantes, con la IA como su núcleo.

 PARA SABER MÁS

El 5G ha sido aclamado como una tecnología disruptiva, comparable a la inteligencia artificial (IA), el *machine learning* (ML) y el Internet de las cosas (IoT) en términos de los tipos de cambios que provocará.

Puedes ampliar información en el siguiente artículo: *El futuro del 5G: qué esperar de esta tecnología transformadora,* accediendo desde aquí:

https://redirectoronline.com/ifcd00630101

La inteligencia artificial en la Cuarta Revolución Industrial

El impacto de la IA es tan apabullante que se ha convertido en un catalizador para la **Cuarta Revolución Industrial.** Desde la manufactura hasta los servicios financieros, la inclusión de sistemas de IA ha permitido una innovación sin precedentes y una optimización de procesos que eran impensables hace solo unas décadas.

En primer lugar, la **industria manufacturera** es uno de los sectores más beneficiados por la IA. Procesos de producción que alguna vez fueron manuales y arduos se han automatizado gracias a la robótica avanzada y el aprendizaje ML. Los robots equipados con IA no solo pueden realizar tareas repetitivas con alta precisión, sino que también pueden aprender de su entorno y sugerir mejoras en los procesos de producción.

 **EJEMPLO**

Los vehículos guiados automáticos en las líneas de ensamblaje pueden reconocer cuándo un producto no cumple con los estándares de calidad y alterar el proceso para corregir defectos en tiempo real, reduciendo así los desperdicios y mejorando la eficiencia.

La **industria de la energía** también está siendo transformada radicalmente por la IA. En la actualidad, los algoritmos de aprendizaje avanzado son capaces de predecir patrones complejos en el consumo de energía, lo que permite a las empresas optimizar sus redes y garantizar un abastecimiento eficiente. Al implementar IA en el análisis de grandes volúmenes de datos, las empresas energéticas pueden predecir picos de demanda, y eso facilita una mejor asignación de recursos y reducción de costos.

Por ejemplo, un caso destacado es el uso del aprendizaje profundo para el mantenimiento preventivo en redes eléctricas. Con esto se identifican y se corrigen fallas potenciales antes de que causen daños costosos.

Industria de la energía

El **sector de la salud** también ha experimentado la revolución de la IA. Las aplicaciones de IA están mejorando significativamente el diagnóstico y tratamiento de enfermedades. Algoritmos avanzados de ML permiten la creación de modelos predictivos que pueden diagnosticar enfermedades con una precisión que rivaliza con la de los expertos humanos. Además, estos sistemas pueden analizar grandes cantidades de datos genéticos y clínicos para sugerir tratamientos personalizados, lo que sirve para mejorar los resultados de los pacientes.

Un ejemplo claro es el uso de redes neuronales para analizar imágenes radiológicas. La IA puede detectar anomalías mínimas que a los radiólogos pueden pasarle por alto.

Industria de la salud

En cuanto a la **industria financiera,** la IA está redefiniendo cómo las instituciones gestionan riesgos y operan en el mercado. Los algoritmos de ML se están utilizando para detectar fraudes financieros en tiempo real, lo que reduce significativamente las pérdidas. Además, mediante el análisis de patrones del mercado, las aplicaciones de IA permiten la personalización de estrategias de inversión y brindan a los clientes recomendaciones automatizadas e informes de riesgo ajustados a sus perfiles individuales. Esta capacidad de procesar y analizar datos a gran velocidad ofrece a las instituciones financieras una ventaja competitiva significativa.

Industria financiera

A medida que la IA madura, el **sector del transporte** se beneficia notablemente de sus aplicaciones. Los vehículos autónomos, que dependen en gran medida de los sistemas de IA para la navegación y la toma de decisiones en tiempo real, están empezando a cambiar el paradigma de la movilidad. Estas tecnologías no solo prometen reducir el número de accidentes causados por errores humanos, sino que también podrían redefinir cómo percibimos el transporte público y el privado. Están emergiendo **ciudades inteligentes,** donde el tráfico es manejado eficientemente a través de algoritmos que ajustan automáticamente los tiempos de los semáforos y los patrones de tráfico según el análisis de datos en tiempo real, con lo cual disminuye la congestión y mejora la calidad del aire.

Sector transporte

El **sector minorista** experimenta igualmente un profundo impacto de la IA. Sistemas basados en IA están cambiando la forma en que los consumidores interactúan con las marcas. Desde asistentes virtuales hasta sistemas de recomendación personalizados, el *retail* está mejorando la experiencia del cliente de manera notable. La IA permite una gestión de inventarios más eficaz, previendo tendencias de consumo y ajustando los niveles de abastecimiento para maximizar las ganancias al tiempo que minimiza los desperdicios.

Sector minorista

Sin embargo, como en cualquier revolución tecnológica, la adopción masiva de la IA en diversas industrias plantea **desafíos éticos y de empleo.** Las empresas deben considerar cuidadosamente el impacto en la fuerza laboral a medida que las máquinas asumen tareas cada vez más complejas. Asimismo, deben establecer principios éticos claros para el uso del ML, garantizando la transparencia de los algoritmos y la protección de los datos personales.

La IA está desempeñando un papel central en la transformación de la industria moderna. La optimización de procesos, la personalización de servicios y mejoras en la eficiencia operativa están solo comenzando a mostrar el potencial completo de esta tecnología. Aquellas industrias que adopten y adapten la IA de manera proactiva tendrán una ventaja competitiva duradera en la economía global. No obstante, es imprescindible un **enfoque prudente** en la implementación de estas tecnologías para asegurar un futuro en el que la IA sirva como una fuerza de bien que promueva un crecimiento económico sostenible y equitativo.

ACTIVIDAD COMPLEMENTARIA

1. Selecciona un artículo o informe reciente sobre la implementación de inteligencia artificial (IA) y *machine learning* (ML) en empresas para mejorar la eficiencia operativa y competitividad. Resume los principales hallazgos y analiza cómo estos avances pueden ofrecer una ventaja en el mercado y transformar procesos empresariales en los próximos años.

2.2. Observación de la inteligencia artificial y *machine learning*

 ## HILO CONDUCTOR

La capacidad de Soluciones IA S. A. para aplicar IA depende de una observación rigurosa y continua de los datos y modelos empleados, un proceso clave en la implementación de sistemas de ML. La observación, en este contexto, incluye el monitoreo y ajuste constante de los algoritmos para asegurar que sus predicciones y análisis se mantengan precisos y relevantes. Esta práctica refleja un principio fundamental del ML: los modelos deben ser capaces de adaptarse a nuevas tendencias y patrones en los datos, lo cual requiere un sistema de supervisión que permita a Soluciones IA S. A. ajustar sus parámetros y mejorar la precisión de sus modelos predictivos.

La IA se refiere a sistemas o máquinas que imitan la inteligencia humana para realizar tareas y que pueden mejorar iterativamente a partir de la información que recopilan. El ML, por su parte, es una subdisciplina de la IA que utiliza algoritmos para analizar datos, aprender patrones u órdenes y poder tomar decisiones informadas.

 ## EJEMPLO

Un ejemplo inicial simple es el uso de ML en los motores de recomendación de plataformas de *streaming*. Al observar los patrones de visualización de los

Continúa en página siguiente >>

<< Viene de página anterior

usuarios, los algoritmos pueden predecir qué contenido podrían disfrutar en el futuro, adaptando sus sugerencias y perfeccionando las recomendaciones con cada interacción.

- -

Algunos **sectores** clave donde la IA actualmente tiene distintas aplicaciones son:

- **Manufactura:** desde el diseño de productos hasta la producción y manejo de la cadena de suministro, estas tecnologías están optimizando procesos para incrementar la eficacia. Un ejemplo prominente es el mantenimiento predictivo. A través de sensores inteligentes, las máquinas pueden recoger datos sobre su estado operativo. Los algoritmos de ML procesan esta información para predecir fallos antes de que ocurran, permitiendo a las empresas planificar sus mantenimientos de forma eficiente y reducir significativamente el tiempo de inactividad.
- **Sector automotriz:** desde vehículos autónomos hasta mejoras en la logística de producción, la IA está redefiniendo lo que es posible. Los vehículos autónomos no solo están empezando a redefinir la seguridad vial y la experiencia del usuario, sino que además abren un debate sobre aspectos legales y éticos que la industria todavía está aprendiendo a manejar.
- **Salud:** la capacidad de detectar patrones en grandes volúmenes de datos médicos está avanzando rápidamente, como en el caso de la detección temprana de enfermedades como el cáncer a través del análisis de imágenes médicas con algoritmos de reconocimiento visual. Al identificar con precisión cambios imperceptibles para el ojo humano, estas tecnologías están mejorando las tasas de diagnóstico y tratamiento, salvando vidas y optimizando los resultados para los pacientes.
- **Espacio financiero:** las instituciones financieras están utilizando estas tecnologías para monitorizar transacciones en tiempo real y detectar actividades sospechosas al instante, lo que representa un cambio significativo con respecto a los métodos tradicionales. Además, los modelos predictivos permiten a las entidades prever cambios en el mercado con mayor precisión, permitiendo estrategias de inversión más informadas.
- *Retail:* con el análisis de datos de clientes, las empresas pueden optimizar las existencias, personalizar experiencias de compra y mejorar la logística de la cadena de suministro. El uso de *chatbots* para la atención al cliente que utilizan procesamiento de lenguaje natural mejora la experiencia del usuario, al proporcionar respuestas rápidas y eficientes a las consultas comunes, liberando tiempo valioso para los empleados humanos.

En la observación de la IA y el ML es evidente la naturaleza dinámica del desarrollo de herramientas y plataformas. Tecnologías como los *deep learning frameworks,* incluidos *TensorFlow* y *PyTorch,* están permitiendo a los científicos de datos y a los desarrolladores construir, entrenar y utilizar modelos más complejos y potentes que nunca.

 EJEMPLO

La introducción de modelos transformadores ha revolucionado la industria del procesamiento de lenguaje natural (NLP), permitiendo avances sin precedentes en la traducción automática, la generación de texto y la respuesta a consultas. Algunas tecnologías emergentes como el AutoML (ML automatizado) están democratizando aún más el uso del ML, permitiendo a aquellas personas con conocimientos limitados en ciencia de datos desarrollar modelos precisos y eficaces.

Mirando hacia el futuro, la tierra prometida de la IA y el ML continuará evolucionando. A medida que la investigación avanza, es probable que veamos una sinergia entre estas tecnologías y otras emergentes, como el Internet de las Cosas (IoT) y la computación cuántica. La integración de IoT con ML puede abrir una nueva era de soluciones inteligentes, donde el análisis en tiempo real y la toma de decisiones impulsadas por datos se conviertan en un lugar común en todos los sectores industriales.

La **computación cuántica,** por otro lado, tiene el potencial de revolucionar los límites actuales del procesamiento de datos y el entrenamiento de modelos de IA, solucionando problemas que serían inabordables con las tecnologías actuales.

El avance tecnológico en las últimas décadas ha patrocinado un increíble desarrollo en el campo de la computación, especialmente en lo que se refiere a las áreas de la inteligencia artificial (IA) y el aprendizaje automático (ML). Estos términos son a menudo utilizados indistintamente, lo cual puede generar confusión entre técnicos, académicos y usuarios en general. Sin embargo, aunque están interrelacionados, IA y ML representan conceptos distintos, cada uno con sus aplicaciones, métodos, ventajas y limitaciones únicas. Comprender las diferencias entre estos conceptos es crucial para apreciar su impacto potencial y sus capacidades dentro de las aplicaciones industriales.

Para comenzar a entender las diferencias, es esencial neutralizar el espacio común que ambos términos comparten. La IA es un campo amplio de la informática que se centra en la creación de sistemas capaces de realizar tareas que tradicionalmente requieren de inteligencia humana. Estas tareas incluyen, pero no se limitan, al **reconocimiento del habla**, el ***problem-solving***, la **traducción de idiomas** y la **toma de decisiones.**

Por su parte, el ML es una subdisciplina dentro de la IA. ML se ocupa de la creación de algoritmos y técnicas que permiten a las máquinas "aprender" de los datos y hacer predicciones o tomar decisiones sin intervención humana directa. Es un aspecto crucial del desarrollo de sistemas de IA, pero su enfoque es más limitado y específico.

 **RECUERDA**

El objetivo principal de la IA es simular la inteligencia humana de una manera que las máquinas puedan realizar tareas cognitivas, resolver problemas y adaptarse a nuevas situaciones. La IA busca crear sistemas que puedan mejorar con el tiempo, desempeñándose de formas que van más allá de las instrucciones programadas inicialmente.

Por otro lado, el ML se centra específicamente en el proceso de aprendizaje a partir de datos, el ajuste de modelos y la mejora de la precisión de las predicciones y decisiones. El ML no está diseñado para crear inteligencia general o autónoma, sino para proporcionar herramientas que puedan tener una mejora continua en tareas específicas mediante el aprendizaje de patrones en datos.

La IA involucra una variedad de **técnicas y metodologías** que van desde sistemas expertos, lógica difusa, algoritmos genéticos, robótica, hasta redes neuronales y procesamiento de lenguajes naturales. Se trata de una colección dinámica de técnicas que avanzan y se especializan para abordar diversas problemáticas. El ML, por el contrario, se basa en un conjunto de técnicas como el aprendizaje supervisado, el no supervisado, el aprendizaje de refuerzo, las redes neuronales y otras técnicas estadísticas. El ML tiene el objetivo de mejorar los modelos a través de la optimización del conjunto de datos, además de adaptar los enfoques estadísticos para lograr un rendimiento óptimo.

La IA mide su rendimiento no solo en términos de eficiencia y precisión, sino también en su capacidad para simular capacidades cognitivas humanas como la percepción, el razonamiento y el juicio. Esto implica que, a menudo, se evalúe en términos de su aplicación para crear experiencias computacionales cercanas a la humanidad.

Mientras tanto, el éxito en el ML se evalúa mediante métricas cuantitativas como la **precisión,** el **recall,** la **F-mediada** y **RMSE (raíz del error cuadrático medio),** entre otros. Estas métricas se centran en la eficacia del modelo para predecir de manera correcta y son indicadores del nivel de aprendizaje alcanzado a partir de los datos.

La IA está diseñada para ser **adaptable,** lo cual permite el desarrollo de sistemas que pueden evolucionar basados en nuevos entendimientos y en la experiencia acumulada. Esta adaptación es una representación sofisticada de la evolución de sus procesos.

El ML, aunque adaptativo dentro de su dominio, va más hacia el refinamiento de modelos con el fin de encontrar patrones cada vez más sutiles y específicos en los datos. La flexibilidad del ML está más relacionada con la eficiencia en el manejo de grandes volúmenes de datos y la rápida adaptación de modelos a nuevas variables dentro del contexto definido.

NOTA

La IA y el ML se integran y dependen uno del otro en una relación simbiótica. Sin embargo, el ML es técnicamente un subconjunto dentro del ámbito más amplio de la IA.

El diseño y eficacia de un sistema de IA complejo, como el procesamiento de habla natural, dependen muchas veces de modelos de ML que pueden personalizarse y ajustarse para mejorar la precisión y comportamiento del sistema. Por lo tanto, los avances en el ML nutren el crecimiento y diversificación de aplicaciones desarrolladas a partir de IA.

👁 EJEMPLO

Un sistema de IA puede ser un asistente virtual que utiliza la comprensión del lenguaje natural, procesamiento de datos y personalización para simular un agente al estilo humano, entregando respuestas dinámicas y contextuales.

De manera alternativa, un sistema de ML puede ser un algoritmo de recomendación que analiza el historial de comportamiento del usuario para sugerir el contenido que creará mayor valor o interés futuro para dicho individuo.

El ML depende directamente de la **calidad y cantidad de los datos disponibles.** Grandes conjuntos de datos ricos y diversificados propician mejores algoritmos predictivos dentro del dominio específico para el cual están diseñados.

Por el contrario, el sistema de IA puede no ser tan dependiente del conjunto de datos dirigido, ya que su potencial de rendimiento puede derivarse de la estructura algorítmica general diseñada para manejar diferentes tipos de procesos de inteligencia.

Las soluciones de IA generalmente están más encaminadas hacia la **capacidad de integrarse en diversos contextos,** ofreciendo un nivel elevado de flexibilidad y adaptabilidad para diversas industrias y problemas sociales.

Por otro lado, los algoritmos de ML están orientados hacia la **creación de soluciones óptimas y altamente especializadas,** pero dentro de un dominio específico al cual se adapten los datos y algoritmos de manera óptima.

En el horizonte del desarrollo de nuevas tecnologías, la IA está orientada hacia la consecución de una inteligencia general, lo cual implica **dotar a las máquinas de capacidades cognitivas** que puedan adaptarse y resultar útiles para cualquier tipo de tarea.

Sin embargo, el enfoque futuro del ML está en la creciente sofisticación de las capacidades de modelado mediante técnicas como el *deep learning,* que permiten procesar e interpretar vastas cantidades de datos para resolver problemas cada vez más complejos dentro de contextos bien definidos.

TAREA 1

Una empresa dedicada al comercio electrónico utiliza un sistema de ML para predecir las preferencias de compra de sus clientes y optimizar la personalización de su sitio web. Este sistema analiza el comportamiento de navegación y compra, las reseñas de productos y las búsquedas realizadas por los usuarios.

El equipo de datos observa que, tras un cambio en las tendencias de consumo, el sistema comienza a mostrar recomendaciones menos relevantes, lo que afecta la experiencia de los usuarios. Para solucionar este problema, es necesario implementar una estrategia de monitoreo y ajuste continuo del modelo de ML que permita adaptarse a los nuevos patrones de comportamiento.

¿Cómo el monitoreo constante del rendimiento del modelo puede mejorar la precisión de las recomendaciones en un entorno de comercio electrónico?

Explica por qué es crucial actualizar los parámetros y ajustar los modelos de ML cuando los datos o patrones cambian.

ACTIVIDAD COMPLEMENTARIA

2. Investiga cómo una empresa utiliza la observación y el monitoreo de datos para optimizar sus sistemas de IA y ML, enfocándose en la personalización de servicios o productos. Identifica los métodos implementados y analiza el impacto que estas tecnologías tienen en la experiencia del usuario y en la competitividad empresarial. Basándote en la información proporcionada en tu investigación, reflexiona sobre la importancia del monitoreo constante para garantizar la calidad y precisión de los sistemas de IA y ML.

Aprendizaje supervisado y no supervisado

En el vasto campo de la IA, el ML se erige como un componente central que se aplica en una variedad de contextos industriales y tecnológicos. Sin embargo, para comprender verdaderamente su aplicación y eficacia es crucial distinguir entre los dos paradigmas primarios del ML: **el aprendizaje**

supervisado y el no supervisado. Cada uno de estos enfoques presenta características, ventajas y desafíos únicos que los hacen adecuados para diferentes tipos de tareas y problemas.

DEFINICIÓN

Aprendizaje supervisado
En este tipo de ML el modelo es entrenado con un conjunto de datos etiquetados.

Este conjunto de datos contiene tanto las entradas como las salidas esperadas, lo que permite al modelo aprender la relación entre los dos. Este tipo de aprendizaje se asemeja al aprendizaje con un maestro que orienta al estudiante a lo largo del proceso de aprendizaje, proveyendo la respuesta correcta en cada paso.

Algunos **ejemplos y aplicaciones industriales del aprendizaje supervisado** son:

Clasificación de imágenes
- En la industria de la seguridad, los sistemas de reconocimiento facial son un claro ejemplo de cómo se emplea el aprendizaje supervisado. El sistema es entrenado con una base de datos etiquetada de imágenes de rostros que ya fueron categorizados, permitiendo que el modelo aprenda a asociar ciertos patrones con identidades específicas.

Predicción de la demanda
- En el sector minorista, los algoritmos de aprendizaje supervisado se utilizan para predecir la demanda de productos mediante el análisis de datos históricos de ventas, factores externos como las condiciones meteorológicas y eventos especiales.

Diagnóstico médico asistido por IA
- En la medicina, los modelos supervisados ayudan a interpretar imágenes de rayos X, en las que identifican patrones asociados con enfermedades específicas, lo cual contribuye a un diagnóstico más preciso y rápido.

Algunas **ventajas y desafíos** del aprendizaje supervisado son las siguientes:

⊃ **Ventajas:**

◊ Dado que el modelo es entrenado con datos etiquetados, puede llegar a ser muy preciso, si se dispone de suficientes datos de calidad.

◊ El entrenamiento con datos etiquetados permite un mayor control sobre el resultado del modelo, y esto facilita la corrección de errores en etapas tempranas.

⊃ **Desafíos:**

◊ La necesidad de un conjunto de datos etiquetados puede ser una limitación en términos de tiempo y costo, ya que esta tarea generalmente requiere de trabajo humano intensivo.

◊ El modelo puede volverse demasiado específico en el conjunto de entrenamiento, funciona mal con datos nuevos (un fenómeno conocido como sobreajuste u *overfitting*).

El **aprendizaje no supervisado,** por otro lado, implica entrenar un modelo en un conjunto de datos que no tiene etiquetas ni respuestas específicas. El objetivo del aprendizaje no supervisado es encontrar estructuras o patrones ocultos dentro del conjunto de datos. Este enfoque es como aprender a explorar y comprender un nuevo ambiente sin ningún tipo de orientación externa.

Algunos ejemplos y aplicaciones industriales del aprendizaje no supervisado son los siguientes:

Agrupación
- En la industria del *marketing*, la segmentación de clientes basada en patrones de compra es una técnica común. Algoritmos como *K-means* pueden identificar grupos de clientes con características similares, permitiendo el diseño de campañas segmentadas.

Detección de anomalías
- En la industria financiera, el aprendizaje no supervisado es invaluable para detectar transacciones sospechosas que puedan indicar fraude. Modelos como los *autoencoders* pueden aprender el comportamiento "normal" y detectar desviaciones.

Reducción de dimensionalidad
- En el análisis de datos complejos, técnicas como el análisis de componentes principales (PCA) ayudan a simplificar los datos sin perder la esencia, permitiendo una mayor interpretación y eficacia en el procesamiento.

Por su parte, algunas ventajas y desafíos del aprendizaje no supervisado son las siguientes:

➲ **Ventajas:**

➲ No requiere etiquetas, lo que lo hace apropiado para análisis exploratorios de nuevos datos.
➲ Es capaz de identificar estructuras complejas y sutiles en los datos que podrían pasar desapercibidos con el aprendizaje supervisado.

➲ **Desafíos:**

➲ Los resultados pueden ser menos intuitivos y más difíciles de interpretar sin un dominio claro sobre su relevancia.
➲ Validar la exactitud de los modelos no supervisados es intrínsecamente más complicado sin datos etiquetados como referencia.

Ambos paradigmas buscan mejorar la toma de decisiones mediante el análisis de datos históricos y presentes, lo que contribuye a la creación de sistemas inteligentes. Además, ambos utilizan algoritmos y técnicas matemáticas para modelar patrones complejos y extraer información valiosa.

Con respecto a las diferencias, el aprendizaje supervisado requiere datos etiquetados, mientras que el no supervisado trabaja sin etiquetas. Además, el aprendizaje supervisado busca predecir una salida basada en entradas conocidas, mientras que el no supervisado intenta descubrir estructuras subyacentes en los datos.

La elección entre aprendizaje supervisado y no supervisado depende en gran medida del problema específico que se desea resolver y de la disponibilidad de datos. Para tareas que requieren precisión en predicciones específicas, como clasificaciones o regresiones, es aconsejable optar por el aprendizaje supervisado. Por otro lado, para exploraciones de datos, descubrimiento de estructuras y reducción de dimensionalidades, el aprendizaje no supervisado es la mejor opción.

En el **entorno industrial actual,** caracterizado por el dinamismo y la complejidad, la inteligencia artificial (IA) y el aprendizaje automático *(machine learning* o ML) se están convirtiendo en herramientas indispensables. Estas disciplinas permiten a las organizaciones no solo optimizar procesos y reducir costos, sino también innovar y obtener ventajas competitivas significativas. Las aplicaciones del ML y la IA son adoptadas en diversas facetas del sector industrial, brindando una nueva perspectiva sobre la eficiencia, la seguridad y la creación de valor. Estas **aplicaciones** son:

◔ **Automatización inteligente en el control de calidad.** La automatización de los procesos de control de calidad ha sido una de las áreas donde el aprendizaje automático ha encontrado un lugar destacado. Las industrias manufactureras, por ejemplo, utilizan visión artificial impulsada por IA para inspeccionar productos, lo que asegura que cumplan los estándares requeridos. Al utilizar sistemas de reconocimiento de imágenes, las máquinas pueden identificar defectos en tiempo real, como grietas, deformidades o desalineaciones, que serían difíciles de detectar por el ojo humano. Esto no solo garantiza un producto de mayor calidad, sino que también reduce el tiempo de inspección y los costos asociados a productos defectuosos.

◔ **Mantenimiento predictivo.** El mantenimiento predictivo es otra área donde la IA y el aprendizaje automático han demostrado ser cruciales. En lugar de llevar a cabo mantenimiento rutinario o reparaciones después de una falla, el mantenimiento predictivo permite anticipar problemas antes de que ocurran. A través del análisis de datos históricos y en tiempo real de sensores instalados en máquinas y equipos, los algoritmos de aprendizaje automático pueden detectar patrones y anomalías que indican el desgaste o la falla inminente. Esto no solo aumenta la vida útil de los activos y reduce el tiempo de inactividad, sino que también optimiza los recursos de mantenimiento.

◔ **Optimización del procesamiento y manufactura.** La complejidad de los procesos industriales puede beneficiarse enormemente de la implementación de algoritmos de aprendizaje automático. En el ámbito de la manufactura, un concepto relevante es el de fábricas inteligentes, donde la IA se utiliza para ajustar automáticamente los parámetros de producción. Por ejemplo, en la industria del acero, los procesos de templado pueden ajustarse dinámicamente basándose en variables como la temperatura del horno, la velocidad de laminado y las propiedades del material, lo que resulta en productos finales con propiedades superiores y un menor consumo energético.

◔ **Gestión de la cadena de suministro.** La gestión eficiente de la cadena de suministro es crítica para el éxito de las operaciones industriales. Las aplicaciones de IA y ML han permitido a las organizaciones desarrollar modelos predictivos para la demanda de productos, lo que facilita una planificación más precisa de inventarios, producción y logística. Además, mediante el uso de sistemas avanzados de análisis de datos, las empresas pueden identificar patrones de consumo, optimizar sus rutas de distribución y responder más rápidamente a las interrupciones en el suministro.

◔ **Robótica autónoma.** Los avances en robótica autónoma, potenciada por la inteligencia artificial, han transformado significativamente la industria. Robots con capacidades de aprendizaje autónomo están cada vez más presentes en líneas de ensamblaje, almacenes y puertos. Estos robots no solo realizan tareas repetitivas con mayor precisión que los humanos, sino que también son capaces de aprender de su entorno, realizar ajustes y optimizar sus acciones de forma autónoma. Un ejemplo común son los robots móviles autónomos (AMR), que pueden navegar de manera segura y eficiente por un almacén, seleccionando y transportando bienes sin intervención humana.

- **Gestión energética inteligente.** La demanda mundial de energía aumenta cada día, y las empresas buscan formas de reducir costos y minimizar su impacto ambiental. Las técnicas de IA y ML se aplican en la gestión energética para optimizar el consumo eléctrico y ajustar el uso de recursos según las necesidades presentes y previsibles. Por ejemplo, en las plantas industriales grandes, los sistemas de gestión de energía utilizan el aprendizaje automático para monitorear y controlar el uso energético, identificar ineficiencias y recomendar acciones correctivas. Esto no solo ayuda a las empresas a mantener su operación eficiente desde el punto de vista energético, sino que también contribuye a iniciativas de sostenibilidad y reducción de la huella de carbono.

- **Seguridad industrial.** La seguridad es una prioridad en cualquier entorno industrial y la inteligencia artificial está desempeñando un papel clave en su mejora. Los sistemas de IA se utilizan para el monitoreo continuo de los lugares de trabajo, identificando riesgos potenciales antes de que se conviertan en incidentes de seguridad. Por medio de cámaras de vigilancia inteligentes y sensores, se pueden detectar comportamientos inusuales y alertar inmediatamente a los supervisores. Además, mediante el análisis de datos de seguridad previa, se pueden predecir incidentes futuros y tomar medidas preventivas.

- **Personalización y diseño de productos.** La capacidad de personalizar productos de manera rentable es cada vez más esencial para las industrias. Con la ayuda del aprendizaje automático, las empresas pueden ofrecer productos diseñados para satisfacer las necesidades específicas de los clientes individuales. Los algoritmos de ML analizan datos del cliente, preferencias y tendencias del mercado para ajustarse y adaptarse a la demanda de productos personalizados. Esta capacidad no solo mejora la satisfacción del cliente, sino que también permite a las empresas capturar nuevos mercados.

- **Detección y prevención de fraude.** En industrias como la financiera o la de seguros, la detección y prevención de fraude es una tarea crítica. Los sistemas basados en IA pueden analizar vastas cantidades de transacciones en tiempo real y detectar patrones sospechosos que podrían indicar actividad fraudulenta. Mediante técnicas de aprendizaje supervisado y no supervisado, estos sistemas identifican transacciones atípicas, permitiendo que las organizaciones tomen decisiones rápidas y reduzcan el riesgo de pérdida financiera.

- **Transporte y logística inteligente.** La IA y el aprendizaje automático también están lanzando innovaciones en transporte y logística, un sector vital para el funcionamiento de la industria. Las aplicaciones incluyen desde el enrutamiento optimizado de flotas para reducir el consumo de combustible hasta la utilización de vehículos autónomos para la entrega de bienes. Además, en el manejo de inventarios y almacén, la IA permite prever y afrontar las necesidades logísticas de manera más eficiente, reduciendo desperdicios y mejorando los tiempos de respuesta.

- **Innovación en productos farmacéuticos y químicos.** Industrias como la farmacéutica y la química se enfrentan a desafíos constantes en la rápida innovación y desarrollo de productos. El aprendizaje automático se utiliza para acelerar el descubrimiento de fármacos, analizando bases de datos complejas de compuestos químicos y modelos de enfermedades para identificar nuevos candidatos para el desarrollo. Por otro lado, las técnicas de IA permiten mejorar las formulaciones de productos químicos, optimizando sus propiedades y reduciendo el tiempo necesario para llevar productos al mercado.

- **Personalización en la industria alimentaria.** El sector alimentario está adoptando la personalización a escala, utilizando el análisis de datos y el aprendizaje automático. Las empresas analizan las preferencias del consumidor, las tendencias alimenticias y los patrones de compra para desarrollar productos que se adapten a dietas específicas y a los gustos individuales, ayudando a predecir la demanda y mejorar el suministro.

El impacto del ML y la IA en el sector industrial es profundo, con aplicaciones que abarcan desde la mejora operativa hasta la innovación en productos. A medida que estas tecnologías sigan evolucionando, sus aplicaciones serán aún más amplias y sofisticadas, ofrecerán nuevas oportunidades para transformar las industrias a través de la automatización, la predicción y la personalización.

 TAREA 2

En una línea de producción de una fábrica de dispositivos electrónicos, la dirección está evaluando la implementación de IA y ML para optimizar su control de calidad y mantenimiento predictivo. La empresa desea implementar un sistema de visión artificial para detectar defectos en tiempo real y un sistema de mantenimiento predictivo para anticipar fallos en la maquinaria.

Continúa en página siguiente >>

<< *Viene de página anterior*

¿Cómo podría ayudar un sistema de visión artificial en el control de calidad de los productos?

Explica de qué manera un sistema de mantenimiento predictivo puede mejorar la eficiencia operativa de la fábrica y reducir costos.

2.3. Aproximación a redes neuronales y *deep learning*

☞ HILO CONDUCTOR

A medida que Soluciones IA S. A. avanza en su integración de IA, ha comenzado a explorar el uso de redes neuronales y técnicas de *deep learning* para abordar problemas complejos, como el análisis de imágenes y la predicción de comportamientos de consumo. Las redes neuronales artificiales, inspiradas en la estructura del cerebro humano, son capaces de procesar datos a través de capas de neuronas artificiales, lo que permite identificar patrones en grandes volúmenes de datos. Al aplicar *deep learning,* Soluciones IA S. A. puede optimizar procesos que requieren un nivel de análisis profundo, con lo que logra una mayor precisión en sus predicciones y automatiza tareas que antes requerían intervención humana intensiva.

En la evolución del ML y la IA, las redes neuronales juegan un papel crucial, especialmente en la tendencia conocida como **deep learning** o **aprendizaje profundo.** Esta tecnología, inspirada en la estructura neuronal del cerebro humano, ha revolucionado numerosos campos, desde el reconocimiento de imágenes y el procesamiento del lenguaje natural hasta la conducción autónoma y la detección de anomalías en el sector industrial.

¿Qué constituye una red neuronal? Imagina un conjunto de nodos, análogos a las neuronas en un cerebro humano, organizados en capas. Cada uno representa una unidad de procesamiento básica que recibe una señal de varias otras neuronas, las transforma mediante una función de activación y la transmite a la siguiente capa. En una red neuronal profunda, muchas de estas capas están apiladas unas sobre otras, lo cual permite el modelado de representaciones jerárquicas y complejas. Este diseño arquitectónico potencia a las redes neuronales para el aprendizaje profundo, capaz de capturar patrones complejos en grandes cantidades de datos.

Las redes neuronales se componen de tres **tipos principales de capas:**

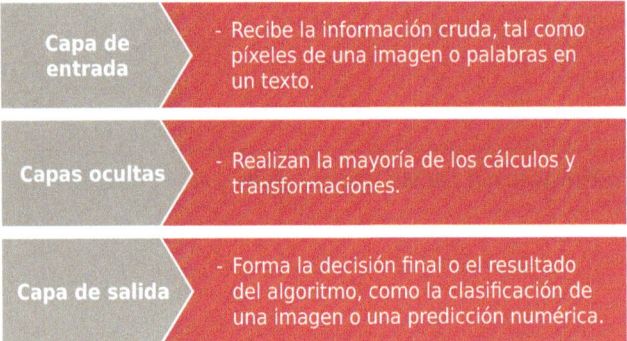

Capa de entrada	- Recibe la información cruda, tal como píxeles de una imagen o palabras en un texto.
Capas ocultas	- Realizan la mayoría de los cálculos y transformaciones.
Capa de salida	- Forma la decisión final o el resultado del algoritmo, como la clasificación de una imagen o una predicción numérica.

Para entrenar una red neuronal, se utiliza un algoritmo de aprendizaje. El más común es el llamado **propagación hacia atrás.** Este proceso implica un ciclo iterativo a través de los datos de entrenamiento, evaluando las predicciones de la red y ajustando los pesos iniciales de las conexiones según una función de costo que cuantifica la diferencia entre la salida esperada y la salida real.

Uno de los retos principales en el entrenamiento de redes neuronales es **evitar el sobreajuste:** el modelo se adapta demasiado a los datos de entrenamiento y no puede generalizar correctamente a nuevos datos. Para mitigar esto se pueden emplear diferentes técnicas de regularización, como el abandono *(dropout)* o la penalización del tamaño del peso *(weight decay).*

El crecimiento del aprendizaje profundo ha sido posible gracias a avances tecnológicos significativos en dos ejes importantes: **potencia de cálculo y disponibilidad de grandes volúmenes de datos.** Con la llegada de la computación en la nube y las unidades de procesamiento gráfico (GPU) especializadas, las redes neuronales profundas se pueden entrenar en tiempo razonable. Asimismo, la era de los macrodatos ha proporcionado el combustible necesario para nutrir estos modelos. Los datos masivos exigen herramientas con alta capacidad inductiva, y las redes profundas satisfacen esta necesidad con gran precisión.

En el ámbito industrial, el potencial de las redes neuronales y el aprendizaje profundo es vasto e impactante. Considera, por ejemplo, la industria manufacturera, donde el aprendizaje profundo puede **facilitar la detección de**

defectos en productos mediante sistemas de visión artificial. Estas técnicas ofrecen una ventaja significativa sobre los métodos tradicionales, permitiendo inspecciones de alta precisión a velocidades muchos mayores. Otro ejemplo lo encontramos en el mantenimiento predictivo: las redes neuronales pueden analizar datos de sensores para **predecir cuándo es probable que una máquina falle,** lo que permite reparaciones proactivas y minimiza el tiempo de inactividad.

Los modelos generativos también están allanando caminos prometedores en la fabricación aditiva y el diseño producto. Las **redes neuronales generativas**, como las GAN (redes generativas antagónicas), pueden crear prototipos de objetos o composiciones que satisfagan múltiples restricciones de diseño y eficiencia, ampliando el horizonte de lo posible en el desarrollo de nuevos productos industriales.

Dando un paso hacia la logística, las redes neuronales están mejorando significativamente la planificación y optimización de rutas. Estas herramientas permiten un análisis continuo de una multitud de variables, desde el coste del combustible hasta el tráfico en tiempo real, ayudando a desarrollar estrategias para reducir costos operativos y aumentar la eficiencia del servicio al cliente.

Uno podría pensar que la complejidad inherente de estos modelos haría que fueran difíciles de implementar, pero las plataformas modernas han evolucionado para simplificar este proceso. Librerías eficientes y de uso libre, como *TensorFlow* o *PyTorch,* permiten a los ingenieros integrar poderosas redes neuronales en sistemas industriales con relativa facilidad, manejando mucha de la infraestructura subyacente y haciéndola accesible más allá de los expertos en IA.

Las redes neuronales representan una subdisciplina fundamental en el estudio del ML y la IA, desempeña un papel crucial en la revolución tecnológica que transforma las industrias en todo el mundo. Una **red neuronal** es un modelo computacional inspirado en el funcionamiento del cerebro humano, diseñado para reconocer patrones complejos y hacer predicciones. Estas estructuras están compuestas por **capas de nodos o "neuronas",** conectadas de manera similar a las neuronas biológicas, y están diseñadas para ajustar automáticamente sus conexiones (o pesos) en un proceso de aprendizaje hasta alcanzar un nivel óptimo de precisión en una tarea determinada.

Los **componentes de una red neuronal** son los siguientes:

➲ **Neuronas (nodos):** son las unidades básicas de procesamiento de la red. Cada neurona recibe señales, realiza cálculos y transmite un resultado a otras neuronas conectadas a ella.

- **Pesos:** cada conexión entre neuronas tiene un peso asignado que determina la importancia de la señal en el proceso de cálculo. El ajuste de estos pesos durante el entrenamiento de la red permite que el modelo aprenda.
- **Capas:** la capa de entrada es donde los datos ingresan a la red. El número de neuronas en esta capa debe coincidir con el número de características en los datos.

  Las capas ocultas permiten la transformación y selección de características complejas a partir de los datos. Pueden ser múltiples. Su número y tamaño influyen en la capacidad de la red para modelar relaciones complejas. La capa de salida proporciona el resultado final de la red. El número de neuronas en esta capa depende del tipo de tarea: una única neurona para tareas de regresión o múltiples para clasificación multiclase.
- **Funciones de activación:** determinan si una neurona debe activarse basado en las señales entrantes. Algunas funciones comunes incluyen la función sigmoid, tangente hiperbólica (tanh) y ReLU (unidad lineal rectificada). Estas funciones introducen no linealidad al modelo, permitiendo que la red maneje problemas complejos.

El objetivo de una red neuronal es aprender funciones complejas a partir de datos de entrenamiento e indicar decisiones basadas en la información que recibe. Este proceso se lleva a cabo mediante la **propagación hacia adelante y hacia atrás:**

Propagación hacia adelante *(Forward Propagation)*
- Los datos de entrada son transmitidos a través de la red, capa por capa, hasta la capa de salida. Cada neurona realiza un cálculo simple —una suma ponderada de las entradas— y aplica una función de activación.

Propagación hacia atrás *(Backpropagation)*
- Es el proceso de entrenamiento mediante el cual la red ajusta sus pesos. A partir del error calculado entre la salida de la red y la salida deseada, se devuelve el error a través de la red hacia las capas anteriores, ajustando los pesos mediante técnicas de optimización, como el descenso de gradiente.

Dependiendo de la arquitectura y la aplicación, existen diversos **tipos de redes neuronales** fundamentales:

- **Redes neuronales artificiales (ANN).** La forma más simple de red neuronal. Utiliza capas simples organizadas de forma lineal. Son adecuadas para tareas básicas y han sido la base para el desarrollo de arquitecturas más avanzadas.
- **Redes neuronales convolucionales (CNN).** Especialmente útiles en el procesamiento de imágenes y vídeo. Las CNN utilizan capas convolucionales para extraer automáticamente características espaciales y patrones locales desde las imágenes de entrada.
- **Redes neuronales recurrentes (RNN).** Adecuadas para secuencias de datos en los que cada nueva entrada se relaciona con entradas pasadas, como en procesamiento de lenguaje natural y series temporales. Equipadas con bucles, permiten que la información persista.
- **Redes neuronales de crecimiento automático (GAN).** Implican dos redes trabajando en oposición, un generador y un discriminador, para producir datos sintéticos casi indistinguibles de los datos reales. Son muy efectivas en generación de imágenes y vídeos.

Para el **entrenamiento efectivo de una red neuronal** es crítico tener en cuenta ciertos elementos clave:

- **Datos de entrenamiento.** La calidad y cantidad de datos son determinantes para el éxito del entrenamiento. Datos incompletos o sesgados pueden llevar a malas generalizaciones.
- **Función de costo.** Es una función que mide la disparidad entre predicciones de la red y las etiquetas reales, guiando los ajustes en la red durante el aprendizaje. Las funciones comunes incluyen el error cuadrático medio para regresión y la entropía cruzada para clasificación.
- **Optimización.** Son métodos que buscan minimizar el error de la red ajustando pesos de manera eficiente. El descenso de gradiente es el método más común, con variantes como Adam y RMSProp, que mejoran su desempeño.
- **Regularización y normalización.** Son técnicas para prevenir el sobreajuste. La red aprende demasiado bien las características de los datos de entrenamiento, lo que afecta a su capacidad de generalización. Ejemplos son *L2 regularization, drop-out* y *batch normalization.*

Aunque las redes neuronales son extremadamente poderosas, presentan **desafíos significativos.** Las redes neuronales profundas o complejas requieren alta capacidad computacional y mucho tiempo de entrenamiento. Por otro lado, con el sobreajuste las redes pueden aprender peculiaridades específicas de los conjuntos de datos, lo cual afecta a la capacidad de generalización. Además, determinar la mejor arquitectura, número de capas, tipo de función activación, entre otros, requiere experimentación intensiva. Por último, las predicciones generadas por una red neuronal tienden a ser opacas, lo que resulta un problema en aplicaciones en las que la transparencia y explicabilidad son cruciales.

Las redes neuronales han habilitado avances significativos en varios **sectores:**

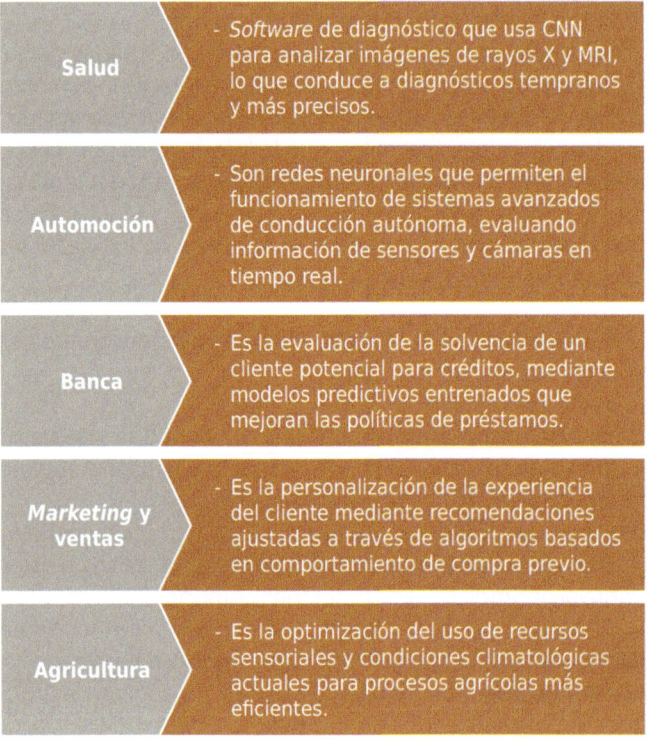

Salud
- *Software* de diagnóstico que usa CNN para analizar imágenes de rayos X y MRI, lo que conduce a diagnósticos tempranos y más precisos.

Automoción
- Son redes neuronales que permiten el funcionamiento de sistemas avanzados de conducción autónoma, evaluando información de sensores y cámaras en tiempo real.

Banca
- Es la evaluación de la solvencia de un cliente potencial para créditos, mediante modelos predictivos entrenados que mejoran las políticas de préstamos.

Marketing y ventas
- Es la personalización de la experiencia del cliente mediante recomendaciones ajustadas a través de algoritmos basados en comportamiento de compra previo.

Agricultura
- Es la optimización del uso de recursos sensoriales y condiciones climatológicas actuales para procesos agrícolas más eficientes.

APLICACIÓN PRÁCTICA

Paula, ingeniera de datos en una empresa de tecnología, está diseñando un sistema de visión artificial basado en redes neuronales para detectar defectos en productos manufacturados. Antes de comenzar, necesita entender el proceso de aprendizaje y los principales retos a los que enfrenta al entrenar una red neuronal profunda. ¿Cuál de las siguientes afirmaciones describe correctamente el proceso de entrenamiento de una red neuronal?

Continúa en página siguiente >>

<< *Viene de página anterior*

- **El entrenamiento se realiza ajustando manualmente los pesos de las conexiones entre nodos para lograr la salida deseada.**
- **El algoritmo de "propagación hacia atrás" ajusta los pesos de las conexiones en función de la diferencia entre la salida real y la esperada, iterando sobre los datos de entrenamiento.**
- **Durante el entrenamiento, los pesos permanecen constantes y solo se ajustan las funciones de activación para optimizar los resultados.**
- **Las redes neuronales no requieren datos de entrenamiento, ya que están preconfiguradas para resolver tareas específicas.**

Solución

El entrenamiento de una red neuronal utiliza el algoritmo de propagación hacia atrás. Este evalúa las predicciones del modelo comparándolas con los resultados esperados mediante una función de costo. Luego ajusta los pesos de las conexiones entre las neuronas para minimizar el error. Este proceso iterativo permite a la red aprender patrones complejos en los datos y mejorar su precisión en tareas específicas.

Profundizando en el *deep learning*

En las últimas décadas, el campo de la IA y el ML ha evolucionado a un ritmo impresionante. El ***deep learning*** o aprendizaje profundo ha emergido como una de las técnicas más prominentes e influyentes, transformando numerosas industrias con sus capacidades de procesamiento complejas y automáticamente refinadas. Para comprender la evolución hacia el *deep learning,* es esencial analizar su relación con las redes neuronales, asunto que exploramos previamente. Ahora investigaremos cómo se llegó a este punto innovador y qué componentes han llevado al *establishment* del *deep learning* como herramienta fundamental en la IA industrial.

Las **redes neuronales,** inspiradas en la arquitectura del cerebro humano, han sido la base del ML desde sus primeras etapas. Estas redes son sistemas computacionales diseñados para reconocer patrones, según las interacciones entre capas de neuronas. Sin embargo, la capacidad de las redes neuronales "superficiales" estaba limitada debido a su **estructura simple,** que constaba únicamente de una o dos capas ocultas. La emergencia de problemas más complejos y la demanda por un análisis más detallado en áreas como la visión por ordenador, el procesamiento de lenguaje natural y el reconocimiento de voz evidenciaron la necesidad de arquitecturas más avanzadas.

El término *deep learning* fue acuñado para describir **redes neuronales con múltiples capas ocultas (o profundas).** Esta profundidad en las capas permite a las redes neuronales procesar y aprender a partir de grandes volúmenes de datos, reconociendo patrones y abstracciones que antes eran imposibles de detectar.

Uno de los catalizadores cruciales en la evolución hacia el *deep learning* fue la explosión de datos disponibles, a menudo referida como ***big data.*** Con la digitalización de casi todos los aspectos de la vida moderna, los volúmenes de información disponible han crecido exponencialmente. Con esta abundancia de datos, las tecnologías más simples y superficiales no podían manejar ni extraer conclusiones significativas de estas ingentes cantidades de información.

Simultáneamente, los avances en el poder de procesamiento computacional, en especial mediante el uso de **unidades de procesamiento gráfico (GPU),** han hecho posible el entrenamiento de modelos de *deep learning.* Las GPU, optimizadas para cálculos paralelos, permiten manejar eficientemente los complejos y computacionalmente intensivos procesos de entrenamiento requeridos por las redes profundas.

El avance hacia el *deep learning* también se vio impulsado por **innovaciones algorítmicas** que permitieron superar algunas de las limitaciones de las primeras redes neuronales. Se abordaron problemas como el "desvanecimiento del gradiente" y la dificultad en el entrenamiento de las redes profundas, mediante el diseño de nuevas técnicas y arquitecturas.

El uso de la función de activación de ReLU *(Rectified Linear Unit),* que propicia un entrenamiento más rápido y eficiente de redes profundas, y la implementación de técnicas como el *dropout,* mejora la generalización de la red y previene el sobreajuste, son ejemplos significativos de estos avances. Asimismo, las arquitecturas modernas como las **redes neuronales convolucionales (CNN)** para el tratamiento específico de datos en la visión por ordenador y las **redes neuronales recursivas (RNN)** para el procesamiento de secuencias como texto o audio, han potenciado la especialización de las redes neuronales en diferentes dominios.

Las ventajas del *deep learning* se han manifestado a gran escala en aplicaciones industriales, conformando tecnologías que impactan desde la manufactura hasta la atención médica.

◁◎▷ EJEMPLO

El uso de CNN ha permitido la implementación de sistemas avanzados de reconocimiento y clasificación de imágenes, optimizando procesos de control de calidad visual en líneas de producción automáticas. En el ámbito médico, el *deep learning* ha avanzado en la evaluación de imágenes radiológicas, ayudando en diagnósticos más precisos y rápidos.

- -

El procesamiento de lenguaje natural (PLN), que permite a las máquinas comprender y generar lenguaje humano, es otro campo donde el *deep learning* ha dominado. Los modelos avanzados, como los **transformadores y la arquitectura BERT,** han redefinido nuestra interacción con las máquinas, habilitando tecnologías de asistentes virtuales y *chatbots* sofisticados que revolucionan la comunicación empresarial e individual.

Sin embargo, a pesar de sus éxitos, el *deep learning* también presenta **desafíos inherentes.** La necesidad de enormes cantidades de datos etiquetados para entrenar modelos sigue siendo una barrera significativa. Además, los modelos de *deep learning* suelen actuar como cajas negras, dificultando el entendimiento de cómo llegan a sus conclusiones, lo que plantea preguntas éticas en contextos donde la transparencia y la explicabilidad son cruciales.

En el futuro inmediato, el énfasis se pondrá en crear algoritmos más eficientes que reduzcan la necesidad de datos y cómputo, y en hacer que las decisiones del *deep learning* sean más transparentes y comprensibles. La investigación actual apunta hacia **enfoques híbridos de ML que integren *deep learning* con técnicas simbólicas,** añadiendo capacidad de razonamiento y estructuración del conocimiento.

La evolución hacia el *deep learning* es más que un fenómeno de transformación tecnológica, es un estudio de cómo la colaboración entre la capacidad computacional, el planeamiento algorítmico y el manejo estratégico de la información no solo provocan avances tecnológicos, sino que remodelan los fundamentos mismos de las industrias, ofreciendo una visión prometedora hacia el futuro de un mundo más interconectado e inteligente.

APLICACIÓN PRÁCTICA

Sofía, jefa de innovación en Soluciones IA S. A., está investigando cómo integrar técnicas de *deep learning* en la línea de producción de su empresa para optimizar el control de calidad visual. Necesita entender mejor los fundamentos de *deep learning* y su aplicación en el reconocimiento de imágenes industriales. ¿En qué se centra la base del *deep learning*?

Solución

El *deep learning* utiliza redes neuronales con múltiples capas ocultas para procesar y reconocer patrones en grandes volúmenes de datos, lo cual es esencial en aplicaciones como el reconocimiento de imágenes en control de calidad industrial.

3. Resumen

La **inteligencia artificial** es una rama de la informática que se centra en desarrollar sistemas capaces de realizar tareas que requieren inteligencia humana, como razonamiento, aprendizaje y toma de decisiones. Dentro de esta disciplina, el ***machine learning*** es una subdisciplina que dota a las máquinas de la capacidad de aprender a partir de datos sin necesidad de programaciones específicas.

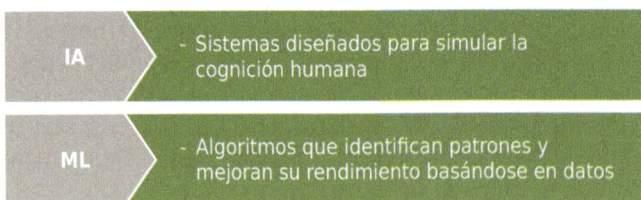

| IA | - Sistemas diseñados para simular la cognición humana |
| ML | - Algoritmos que identifican patrones y mejoran su rendimiento basándose en datos |

La IA establece el marco para desarrollar sistemas inteligentes, mientras que el ML proporciona las herramientas para que esos sistemas aprendan y se adapten.

Su evolución histórica destaca por los siguientes momentos:

● **Década de 1940-1950:**

  ◉ Alan Turing plantea el concepto de máquinas inteligentes, introduciendo la máquina de Turing y el test de Turing.
  ◉ Desarrollo de los fundamentos computacionales y matemáticos que sostienen la IA.

● **Conferencia de Dartmouth (1956):**

  ◉ Nacimiento del término inteligencia artificial (John McCarthy y otros).
  ◉ Primeros avances en sistemas que resolvían problemas lógicos y jugaban al ajedrez.

● **Años 1970:**

  ◉ Inicio del "invierno de la IA", debido a expectativas no cumplidas.
  ◉ Los sistemas expertos logran aplicaciones prácticas en áreas como diagnósticos médicos y manufactura.

● **Década de 1980-1990:**

  ◉ Progreso en redes neuronales y modelos de ML como los árboles de decisión.
  ◉ Hito: la victoria de *Deep Blue* sobre el campeón de ajedrez Garry Kasparov.

● **Era Moderna (2000 en adelante):**

  ◉ *Deep learning:* las redes neuronales profundas procesan datos complejos gracias al *big data* y las GPU.
  ◉ Impacto masivo en sectores como salud, transporte y finanzas.

Las principales aplicaciones de la IA y ML son:

● **Industria automotriz:**

  ◉ Los vehículos autónomos utilizan IA para la navegación y la seguridad.
  ◉ Ejemplo: Tesla y sus algoritmos basados en redes neuronales.

- **Salud:**

  - Los diagnósticos médicos son más precisos gracias al aprendizaje profundo.
  - Ejemplo: modelos de IA detectan enfermedades en imágenes radiológicas.

- **Finanzas:**

  - La automatización de estrategias de inversión y detección de fraudes.
  - Ejemplo: algoritmos que analizan el comportamiento financiero para personalizar servicios.

- **Comercio:**

  - Los sistemas de recomendación en plataformas de *streaming* o *e-commerce*.
  - Ejemplo: Netflix personaliza contenido según las preferencias de sus usuarios.

Dentro de los paradigmas del ML diferenciamos:

- **Aprendizaje supervisado:** entrenamiento de modelos con datos etiquetados. El sistema aprende a predecir resultados específicos. Ejemplos:

  - Clasificación de imágenes
  - Predicción de precios en bienes raíces

- **Aprendizaje no supervisado:** explora patrones ocultos en datos no etiquetados. Ejemplos:

  - Segmentación de clientes en *marketing*
  - Análisis de datos genómicos

Las **redes neuronales artificiales** son modelos inspirados en la estructura del cerebro humano, formados por capas de nodos o "neuronas". Estas estructuras permiten identificar patrones complejos en grandes volúmenes de datos.

Las características principales de las redes neuronales profundas son:

Procesan datos mediante múltiples capas ocultas	Son utilizadas en visión por ordnador, procesamiento del lenguaje y sistemas de recomendación

La evolución de la IA y el ML ha sido transformadora, desde sus raíces teóricas hasta aplicaciones prácticas en sectores clave. La integración de tecnologías emergentes, como el IoT y el 5G, con el *deep learning,* promete un futuro interconectado y automatizado, impulsando innovaciones disruptivas en diversas industrias.

Ejercicios de autoevaluación
Unidad de Aprendizaje 1

1. ¿Quién propuso la idea de una "máquina universal"?

    a. John von Neumann
    b. Marvin Minsky
    c. Alan Turing
    d. Claude Shannon

2. ¿Cuál fue el evento que marcó el inicio de la era moderna de la IA en 1956?

    a. La publicación de *Computing Machinery and Intelligence*
    b. La creación del primer robot industrial
    c. La conferencia de Dartmouth
    d. La publicación de la teoría lógica de Newell y Simon

3. Indica cuál de los siguientes es un subcampo dentro de la IA que se centra en la capacidad de las máquinas para aprender de los datos:

    a. *Machine learning*
    b. Cibernética
    c. Teoría de sistemas
    d. Lógica difusa

4. Determina si la siguiente oración es verdadera o falsa: "El *deep learning* ha permitido que nos enfrentemos y resolvamos problemas que antes se consideraban inabordables en sectores como la medicina y el transporte".

    ■ Verdadero
    ■ Falso

5. ¿Qué algoritmo de aprendizaje se emplea comúnmente para entrenar redes neuronales ajustando los pesos según una función de costo?

    a. Gradiente de descenso estocástico
    b. Propagación hacia atrás

    c. Algoritmos genéticos
    d. Algoritmos de clasificación

6. La victoria de la computadora *Deep Blue* de IBM sobre Garry Kasparov en 1997 fue un hito en la historia de la IA en el campo de:

    a. Diagnóstico médico
    b. Juegos de estrategia
    c. Visión por computadora
    d. Procesamiento del lenguaje natural

7. ¿Qué tipo de IA se utiliza actualmente para optimizar procesos industriales y mejorar la eficiencia de la producción?

    a. IA general
    b. IA aplicada en sistemas expertos
    c. Teoría de redes
    d. Algoritmos de refuerzo

8. ¿Cuál es la principal característica que distingue al aprendizaje supervisado del aprendizaje no supervisado?

    a. La capacidad de operar sin intervención humana
    b. El uso de técnicas de redes neuronales profundas
    c. El uso de datos etiquetados en el aprendizaje supervisado
    d. La optimización de procesos industriales

9. Indica si es verdadero o falso: "El éxito en el aprendizaje automático se evalúa mediante métricas como precisión, *recall* y RMSE".

    ■ Verdadero
    ■ Falso

10. ¿Quiénes fueron los autores de la "teoría lógica", que demostró que las computadoras podían resolver problemas de lógica simples?

    a. John McCarthy y Marvin Minsky
    b. Allen Newell y Herbert A. Simon
    c. Claude Shannon y Alan Turing
    d. Geoffrey Hinton y Yann LeCun

Fundamentos de redes neuronales

Contenido

Objetivos

El objetivo general de esta Unidad de Aprendizaje es:

→ Distinguir el concepto de red neuronal entre los diferentes tipos de redes existentes utilizando herramientas de *deep learning*.

Los objetivos específicos de esta Unidad de Aprendizaje son:

→ Definir el concepto de red neuronal y explicar su estructura básica, destacando los componentes esenciales y su funcionamiento.

→ Diferenciar los tipos principales de redes neuronales, como redes neuronales *feedforward*, convolucionales y recurrentes, identificando sus características y aplicaciones específicas.

→ Describir los fundamentos del aprendizaje profundo *(deep learning)* y su relación con las redes neuronales.

→ Explicar el proceso de entrenamiento de una red neuronal, incluyendo los conceptos de funciones de costo, propagación hacia atrás *(backpropagation)* y optimización.

→ Comprender la funcionalidad de los componentes clave de una red neuronal en el contexto del análisis de datos financieros.

→ Comprender cómo las redes neuronales *feedforward* pueden implementarse en el sector financiero para resolver problemas complejos como la detección de fraudes.

1. Introducción

La inteligencia artificial y, en particular, las redes neuronales representan una de las herramientas más transformadoras de la era moderna. Inspiradas en el sistema nervioso humano, estas estructuras algorítmicas han revolucionado sectores clave al resolver problemas complejos con una precisión y eficiencia sin precedentes. Desde el reconocimiento de patrones hasta el procesamiento de lenguaje natural y la visión artificial, su impacto se extiende a prácticamente todos los aspectos de nuestra vida.

Estas tecnologías han permitido a la industria moderna realizar análisis y controles con una capacidad adaptativa imposible de lograr con métodos tradicionales. En el pasado, procesos como la inspección de calidad o las predicciones dependían exclusivamente de algoritmos estáticos o del ojo humano. Hoy, gracias al aprendizaje profundo *(deep learning)*, las redes neuronales procesan grandes volúmenes de datos, identifican patrones y descubren nuevas oportunidades de mejora, potenciando la innovación y el progreso continuo.

Sectores como la medicina han adoptado estas herramientas para mejorar diagnósticos a partir de imágenes médicas. En la automoción y la logística, las redes neuronales optimizan operaciones, incrementan la precisión y reducen los tiempos de respuesta. El resultado es un entorno industrial más eficiente, competitivo y resiliente frente a los desafíos globales.

Este módulo explora los fundamentos de las redes neuronales, su estructura y funcionamiento. Destacan sus aplicaciones en la resolución de problemas complejos en tiempo real. A través de la empresa ficticia Soluciones IA S. A., se mostrará cómo estas tecnologías se integran en procesos industriales para optimizar operaciones y generar soluciones innovadoras. Este enfoque práctico permitirá comprender tanto la teoría como las aplicaciones reales del aprendizaje profundo, sentando las bases para diseñar estrategias efectivas en el entorno contemporáneo.

2. Introducción a las redes neuronales

☞ HILO CONDUCTOR

Soluciones IA S. A. inicia su camino en el aprendizaje profundo con una comprensión básica de las redes neuronales. El equipo técnico estudia cómo estas estructuras computacionales procesan información en capas, simulando neuronas biológicas, y explora su potencial para solucionar problemas de predicción y clasificación dentro de sus operaciones.

- -

Las redes neuronales son modelos computacionales inspirados en la estructura y funcionamiento del cerebro humano. Estas redes se componen de elementos denominados **neuronas artificiales,** organizadas en capas que procesan información de manera interconectada. Su capacidad para aprender patrones y realizar tareas específicas ha revolucionado el campo de la inteligencia artificial, especialmente en áreas como la visión por ordenador, el procesamiento del lenguaje natural y la predicción de datos.

Algunos **conceptos clave** vinculados con las redes neuronales son los siguientes:

- ⮑ **Neuronas artificiales.** Cada neurona recibe entradas, las procesa mediante una función matemática (generalmente una función de activación) y transmite un resultado a las neuronas de la siguiente capa. Estas neuronas trabajan en conjunto para resolver problemas complejos, dividiéndolos en tareas más pequeñas.
- ⮑ **Capas de la red.** La capa de entrada recibe los datos iniciales, que pueden ser imágenes, texto o cualquier tipo de información estructurada. Las capas ocultas procesan los datos aplicando cálculos complejos. Su cantidad y configuración determinan la capacidad de la red para reconocer patrones. La capa de salida genera el resultado final del modelo, como una clasificación, una predicción o una decisión.
- ⮑ **Pesos y sesgos.** Las conexiones entre las neuronas tienen asignados valores numéricos (pesos) que determinan la importancia de cada conexión. Además, cada neurona incluye un sesgo que ajusta el resultado final.
- ⮑ **Aprendizaje y entrenamiento.** Las redes neuronales se entrenan mediante el ajuste iterativo de sus pesos y sesgos. Este proceso se realiza utilizando un conjunto de datos y un algoritmo de optimización, como el descenso de gradiente, que minimiza el error en las predicciones.

El proceso de una red neuronal se puede resumir en tres **pasos:**

Propagación hacia adelante
- Los datos de entrada atraviesan las capas de la red. En cada capa se aplican cálculos, hasta llegar a la salida.

Cálculo del error
- Se compara la salida generada por la red con la salida esperada, con lo que se obtiene un valor de error mediante una función de costo.

Propagación hacia atrás
- El error se utiliza para ajustar los pesos y sesgos en las conexiones de la red, mejorando así su precisión en futuras predicciones.

El uso de redes neuronales ha transformado industrias al permitir la automatización de tareas antes reservadas para humanos. Entre las **aplicaciones** más destacadas se encuentran:

⊃ **Reconocimiento de imágenes:** identificación de objetos, rostros y patrones en fotografías.
⊃ **Procesamiento del lenguaje natural:** traducción automática, *chatbots* y análisis de sentimiento.
⊃ **Predicción financiera:** modelos para análisis de riesgos y fluctuaciones del mercado.
⊃ **Medicina:** diagnóstico de enfermedades y análisis de imágenes médicas.

2.1. Aproximación conceptual y estructura de una red neuronal

👉 HILO CONDUCTOR

Para avanzar en su implementación tecnológica, Soluciones IA S. A. diseña su primera red neuronal básica, que comprende los componentes fundamentales, como las neuronas, las capas y las conexiones. Este paso inicial es clave para entender cómo estas redes pueden ser entrenadas para mejorar los procesos internos de la empresa.

A medida que nos adentramos en el fascinante mundo del aprendizaje automático y la inteligencia artificial, las redes neuronales ocupan un lugar central en esta narrativa tecnológica. Dado que la unidad anterior ha establecido las bases mediante la introducción de los conceptos fundamentales de las redes neuronales, ahora nos embarcamos en una exploración más profunda centrada en la aproximación conceptual y la estructura de una red neuronal. En este capítulo, nuestro objetivo es proporcionar una comprensión clara y detallada sobre cómo funcionan estas poderosas herramientas computacionales, qué las constituye y cómo sus componentes colaboran para imitar el asombroso poder del cerebro humano.

Las redes neuronales son modelos computacionales inspirados en la estructura y el funcionamiento del cerebro biológico. Esta inspiración biológica ha guiado el desarrollo de sistemas de inteligencia artificial que son capaces de aprender y tomar decisiones de manera autónoma. Una red neuronal consiste en una serie de unidades llamadas **neuronas,** que están organizadas en capas. Cada neurona recibe una serie de entradas, las procesa y produce una salida. Esta simplicidad engañosa es la clave de su poder, ya que, al conectar miles o incluso millones de estas neuronas, las redes neuronales son capaces de modelar relaciones complejas en los datos.

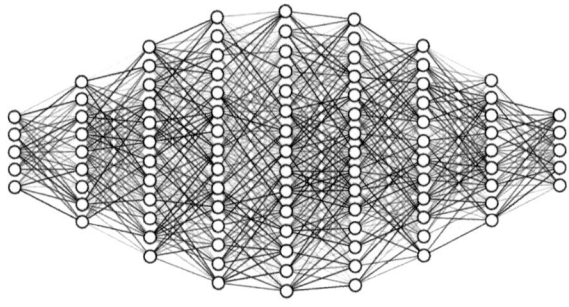

Representación gráfica de las capas y conexiones de una red neuronal artificial

Las redes neuronales trabajan utilizando un proceso llamado **aprendizaje,** que se concreta mediante algoritmos de entrenamiento. Estos algoritmos ajustan los pesos de conexión entre neuronas para minimizar el error en las predicciones del modelo. Este proceso de ajuste sucede en lo que se conoce como fase de retropropagación, que permite que la red aprenda de sus errores y mejore su precisión con el tiempo.

Una red neuronal puede desglosarse en tres **componentes principales:** capas de entrada, capas ocultas y capa de salida.

La **capa de entrada** es la primera capa de una red neuronal. Su función principal es recibir el conjunto de datos de entrada. Podemos pensar en ella como los sentidos humanos que capturan la información del entorno. Cada neurona en esta capa equivale a una característica del conjunto de datos de entrada. Si se imagina una tarea de reconocimiento de imágenes, cada pixel de una imagen podría representarse como una neurona en la capa de entrada.

Entre la capa de entrada y la de salida encontraremos una o más **capas ocultas.** Se les llama ocultas porque sus valores no son visibles en los datos de entrada ni en los resultados de salida; su función es transformar el *input* en una forma más útil para la capa de salida. Cada neurona en una capa oculta aplica una función de activación a la suma ponderada de sus entradas. Las funciones de activación son esenciales para introducir no linealidades en la red, lo que permite la modelación de procesos no lineales complicados.

 **EJEMPLO**

Un tipo común de red neuronal es el perceptrón multicapa (MLP), que consiste en múltiples capas ocultas. Estas capas son especialmente útiles cuando la relación entre la entrada y la salida no es lineal.

La **capa de salida** es donde la red produce su resultado final tras procesar la información a través de las capas anteriores. El número de neuronas en la capa de salida depende de la tarea específica a la que la red está destinada. Por ejemplo, para un problema de clasificación binaria puede haber una sola neurona de salida que prediga la probabilidad de que un caso pertenezca a una clase particular.

Cada neurona en una red neuronal efectúa un **conjunto de operaciones para convertir un conjunto de entradas en una salida.** Estos pasos a menudo involucran lo siguiente:

⮞ **Peso de las conexiones.** Cada entrada a una neurona está asociada con un peso, que refleja la cantidad de influencia que esa entrada tiene en la salida de la neurona. Durante el entrenamiento de la red, estos pesos se ajustan para optimizar la precisión del modelo general. Los pesos se han comparado con la sinapsis en el cerebro humano, donde la fuerza de la conexión sináptica entre neuronas influye en la transmisión de señales.

⮕ **Función de activación.** Las funciones de activación introducen no linealidades en la red y determinan la salida de una neurona en función de una entrada o conjunto de entradas. Las funciones de activación comunes incluyen la función sigmoide, tanh y la unidad lineal rectificada (ReLU). Cada función tiene sus propias características. La elección de la función de activación puede influir significativamente en las capacidades y el rendimiento de la red.

⮕ **Umbral o sesgo.** Además de los pesos, cada neurona incluye un término de sesgo. Este sesgo actúa como un ajuste adicional e introduce la flexibilidad que permite a la red ajustarse mejor al modelo de datos. El sesgo facilita que una neurona tenga una salida no nula, incluso cuando los inputs son cero, lo que puede ser crucial en la satisfacción de ciertas decisiones de la red.

El verdadero potencial de una red neuronal surge durante su fase de entrenamiento. Comienza con la inicialización de pesos, usualmente aleatoria, seguida por un **ciclo de capacitación,** que implica:

Propagación hacia adelante
- El modelo evalúa un error de predicción al pasar datos de entrada a través de capas de la red hasta que se genera una salida. La diferencia entre la salida obtenida y la salida deseada se traduce en un error, que necesita ser minimizado.

Retropropagación
- Este es el corazón del ajuste de la red. El error calculado se propaga de regreso a través de la red, actualizando los pesos de las conexiones neuronales de manera que minimicen el error. El algoritmo de retropropagación usa el descenso del gradiente para encontrar la configuración de pesos óptima.

Iteración
- El proceso de propagación hacia adelante y retropropagación se repite varias veces, utilizando un conjunto de entrenamiento. La iteración continúa hasta que la mejora en la precisión del modelo se estabiliza o alcanza un umbral de precisión predefinido.

Más allá de su fascinante estructura y de sus mecanismos internos, las redes neuronales se han convertido en una herramienta clave para abordar una variedad de desafíos industriales y tecnológicos.

👁 EJEMPLO

En la visión por computadora, las redes neuronales convolucionales (CNN) han revolucionado la capacidad de las máquinas para interpretar imágenes. En el ámbito de la traducción automática, las redes neuronales recurrentes (RNN) han permitido avances significativos, gracias a su habilidad para manejar datos secuenciales.

En conclusión, las redes neuronales son una convergencia del ingenio humano y la naturaleza biológica. Al comprender su estructura y funcionamiento, abrimos las puertas a innovaciones significativas que tienen el potencial de transformar industrias enteras. Con sus capacidades de aprendizaje adaptables y la habilidad de modelar complejidades del mundo real, las redes neuronales continúan siendo un campo vital y en constante evolución en la era de la inteligencia artificial.

🛠 APLICACIÓN PRÁCTICA

Marta, jefa de innovación en Soluciones IA S. A., está explorando cómo implementar redes neuronales para mejorar la precisión del sistema de diagnóstico automático en su departamento médico. Quiere asegurarse de que comprende las bases del funcionamiento de las redes neuronales y cómo estas procesan la información. Ayúdala a elegir la opción correcta sobre el funcionamiento básico de las redes neuronales.

¿Cuál de las siguientes afirmaciones describe correctamente el funcionamiento básico de las redes neuronales?

- **Las redes neuronales procesan los datos únicamente en la capa de entrada y generan un resultado directo sin pasar por capas intermedias.**
- **Las redes neuronales utilizan capas interconectadas donde cada neurona aplica cálculos matemáticos, ajustando sus pesos y sesgos para aprender patrones en los datos.**
- **El entrenamiento de redes neuronales no requiere un conjunto de datos de entrenamiento, ya que las conexiones entre neuronas son automáticas y fijas.**

Continúa en página siguiente >>

<< Viene de página anterior

- **El aprendizaje en redes neuronales ocurre al ajustar los valores de salida directamente en lugar de modificar los pesos entre neuronas.**

Solución

Este enunciado explica el núcleo del funcionamiento de las redes neuronales: las neuronas están organizadas en capas interconectadas, y el aprendizaje ocurre mediante el ajuste de los pesos y sesgos para optimizar la salida.

Componentes clave de una red neuronal

Ahora nos enfocaremos en desglosar los componentes clave que constituyen una red neuronal, poniendo especial atención en cómo funcionan y por qué son esenciales para el aprendizaje automático y sus aplicaciones industriales.

Las **neuronas artificiales** son las unidades básicas de las redes neuronales, inspiradas en las neuronas biológicas del cerebro humano. Cada neurona recibe varias entradas, las procesa a través de una función de activación y produce una salida.

Las **funciones de activación** son fundamentales para el funcionamiento de las neuronas. Sin ellas, la capacidad de la red para aprender patrones no lineales se vería muy limitada. Las más comunes incluyen:

- **ReLU** *(Rectified Linear Unit)*. Es una de las funciones más utilizadas en las redes neuronales profundas, debido a su simplicidad y efectividad. Devuelve el valor de entrada si es positivo y cero en caso contrario. Ayuda a resolver el problema del gradiente desvanecido, lo que permite entrenar redes profundas de manera eficiente. Puede causar el problema de "neurona muerta", que significa que algunas neuronas dejan de activarse por completo.
- **Sigmoide.** Una función clásica que transforma las entradas en un rango entre 0 y 1. Mapea los valores de entrada en una curva en forma de S. Útil en problemas de clasificación binaria. Puede sufrir del problema del gradiente desvanecido en redes profundas.
- **Tanh (tangente hiperbólica).** Similar a la sigmoide, pero su rango es entre −1 y 1, lo que puede ser ventajoso para ciertas arquitecturas. Al igual que la sigmoide, tiene una curva en forma de S pero centrada en 0. Sus salidas son más equilibradas entre valores positivos y negativos. También puede sufrir el gradiente desvanecido.

○ **Softmax.** Principalmente utilizada en la capa de salida para tareas de clasificación multiclase. Convierte las salidas de la red en una distribución de probabilidad. Ideal para problemas en los que se requiere asignar una probabilidad a cada clase. Se utiliza solo en la capa de salida, no en las capas ocultas.

○ **Leaky ReLU.** Una variación del ReLU que mitiga el problema de la "neurona muerta". Permite pequeñas pendientes para los valores negativos en lugar de devolver siempre 0. Mejora la capacidad de aprendizaje en redes profundas.

Las capas son agrupaciones de neuronas y se organizan en:

Capa de entrada
- La primera capa que recibe los datos en su forma original no realiza ningún procesamiento.

Capas ocultas
- Constituidas por múltiples capas entre la entrada y salida. En ellas se lleva a cabo el procesamiento pesado, incluidas las transformaciones no lineales que facilitan el aprendizaje. La adición de múltiples capas ocultas es lo que define una red profunda.

Capa de salida
- Genera el resultado final o predicción. La activación de esta capa se elige según la naturaleza del problema. Por ejemplo, *softmax* para la clasificación multiclase.

Cada conexión entre neuronas implica la asignación de un peso, determinante de la influencia de una entrada sobre una salida. Durante el entrenamiento, los pesos se ajustan mediante retropropagación, para minimizar el error en las predicciones. El **sesgo o bias** permite alinear el funcionamiento de las neuronas para adaptarse a las particularidades de los datos. Funciona como un valor de ajuste que permite a la red aprender incluso cuando todas las entradas son cero.

La **propagación hacia adelante** refleja el flujo de la información desde la capa de entrada hasta la capa de salida, pasando por cada neurona de la red. Comprende la multiplicación de las entradas por los pesos, sumado al sesgo, y su transformación mediante la función de activación.

La **retropropagación** es el proceso de aprendizaje supervisado. Implica ajustar los pesos mediante un descenso del gradiente, minimizando la función de costo al propagar el error hacia atrás en la red. Este método permite que las neuronas aprendan los mejores pesos que minimizan la diferencia entre las predicciones y las verdades del suelo.

Por otro lado, determinar la **desviación de las predicciones** de una red respecto a los valores reales involucra una función de costo. Estas funciones guían el aprendizaje al proporcionar una medida escalar del error. Algunos ejemplos:

Error cuadrático medio (MSE)
- Usado en regresión, proporciona una medida del error promedio al cuadrado.

Entropía cruzada
- Usada en problemas de clasificación, mide la disimilitud entre dos distribuciones de probabilidad.

El objetivo del entrenamiento es minimizar la función de costo, lo cual se logra a través de algoritmos de optimización que ajustan los pesos:

Gradiente descendente estocástico (SGD)	ADAM
- Es una variante eficiente que actualiza los pesos en cada iteración. Es versátil en redes complejas.	- Combina las ventajas de AdaGrad, que adaptan las tasas de aprendiza a cada parámetro, y RMSProp, acumulando escalas en desplazamientos del gradiente.

Por otro lado, para evitar el sobreajuste y promover la generalización se utilizan **técnicas** como:

- ⮩ **Regularización.** Añade un término de penalización a la función de costo, fomentando pesos más pequeños.
- ⮩ *Dropout.* Desactiva al azar un subconjunto de neuronas durante el entrenamiento, evitando la dependencia entre funciones complejas del modelo.
- ⮩ **Poda de redes.** Elimina sinapsis no esenciales para reducir la complejidad de la red, preservando la efectividad.

Por otro lado, conceptos avanzados como redes adversarias exploran desarrollos innovadores donde compiten modelos rivales. Asimismo, el aprendizaje por transferencia permite aplicar conocimientos de un dominio aprendido (red preentrenada) a un nuevo dominio, optimizando recursos y tiempos.

Al comprender estos componentes clave, se nos despliega el camino hacia la optimización y aplicación eficaz de las redes neuronales en el ámbito industrial. Esta comprensión básica es crucial al abordar las aplicaciones industriales del aprendizaje automático, donde podemos prever y detectar patrones complejos, optimizar operaciones y revolucionar prácticas establecidas. La integración de estos elementos permite la continua evolución y adaptación de las tecnologías modernas al servicio de la inteligencia artificial.

Funcionamiento interno de una red neuronal

Las redes neuronales, inspiradas en las complejas y fascinantes redes del cerebro humano, representan una tecnología fundamental dentro del aprendizaje automático y la inteligencia artificial. Su comportamiento, en gran medida, depende de la interrelación entre sus componentes internos y los datos que reciben.

A nivel individual, cada neurona dentro de una red sigue un ciclo de procesamiento de información determinante para el conjunto total. Cada conexión entre neuronas tiene un **peso asociado,** que es ajustado durante el entrenamiento para aproximar las respuestas deseadas. Si la suma ponderada de las entradas de una neurona supera un cierto umbral, la neurona "dispara" su señal de salida.

El objetivo de una **función de activación** es introducir no linealidad en el sistema, permitiendo a la red neuronal modelar complejidades inherentes a los datos. Algunas de las funciones de activación más comunes incluyen la **función sigmoidea, ReLU** *(Rectified Linear Unit)* y **tanh.**

Por otro lado, uno de los aspectos innovadores de las redes neuronales es la manera en que aprenden de los datos a través de un proceso conocido como retropropagación, que ajusta sus pesos internos para minimizar el error. La **propagación hacia adelante,** como se ha definido previamente, es el proceso mediante el cual se calculan las salidas de la red a partir de un conjunto de entradas. Cada neurona en la red realiza su operación de activación con los valores de las capas previas.

La desviación entre la salida obtenida y la esperada se refleja en una función de pérdida o de coste. Para tareas de regresión, una función comúnmente utilizada es el **error cuadrático medio (MSE),** mientras que para tareas de clasificación se utiliza el error de **entropía cruzada.**

Dentro del entorno industrial, es crucial que una red neuronal no solo se entrene bien con datos históricos, sino que también sea capaz de generalizar cuando se enfrenta a datos nuevos y desconocidos. Para lograr esto, se utilizan varias **técnicas** y **conceptos:**

- **Regularización.** Métodos como L1 o L2 regularización añaden términos de penalización a la función de pérdida para prevenir el sobreajuste al *dataset* de entrenamiento.
- **Segura convergencia del entrenamiento.** Herramientas como la inicialización adecuada de pesos y el uso de optimizadores avanzados, como Adam, AdaGrad o RMSprop, ayudan a conseguir una convergencia más rápida y estable.
- *Dropout.* Técnica que consiste en que, durante el entrenamiento, se ignoran aleatoriamente ciertas neuronas en las capas ocultas para mejorar la capacidad de generalización de la red al reducir el riesgo de sobreajuste.

Un aspecto importante para aplicaciones industriales es la capacidad de las redes neuronales de **operar en tiempo real.** Esto impone requisitos tanto en la eficiencia computacional como en la infraestructura utilizada para implementar estas soluciones. Para lograrlo se emplean **estrategias** como las siguientes:

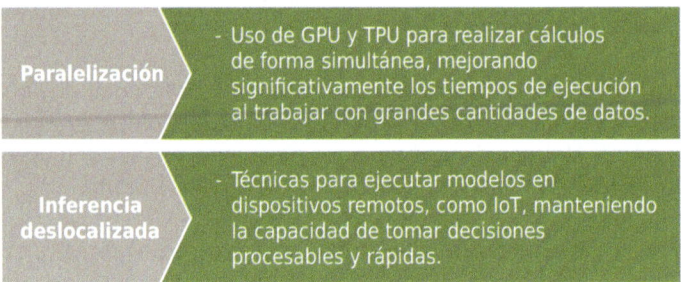

Paralelización - Uso de GPU y TPU para realizar cálculos de forma simultánea, mejorando significativamente los tiempos de ejecución al trabajar con grandes cantidades de datos.

Inferencia deslocalizada - Técnicas para ejecutar modelos en dispositivos remotos, como IoT, manteniendo la capacidad de tomar decisiones procesables y rápidas.

Finalmente, la utilidad práctica de una red neuronal está condicionada no solo a su desempeño sobre los datos de entrenamiento, sino a su **rendimiento en condiciones reales.** Durante este proceso se evalúan las redes mediante:

Validación cruzada
- Se utilizan métodos de validación cruzada para evaluar la robustez de la red, verificando su rendimiento con particiones variadas del *dataset*.

Curvas de aprendizaje
- El análisis de las curvas de aprendizaje durante el entrenamiento permite ajustar hiperparámetros según sean necesarios para evitar tanto el bajo como el sobreajuste.

Al comprender las intimidades del funcionamiento interno de las redes neuronales, no solo podemos evaluar y mejorar sus aplicaciones en el sector industrial, sino también adaptarlas a los continuos cambios y evoluciones en los desafíos que presentan los datos del mundo real. Las discusiones alrededor de estas estructuras nos introducen en el vasto potencial de los sistemas inteligentes, brindándonos caminos innovadores para optimizar procesos, productos y experiencias humanas a través de la inteligencia artificial.

Modelado y entrenamiento de redes neuronales

En el flujo de trabajo de la inteligencia artificial, el modelado y entrenamiento de redes neuronales constituyen etapas cruciales para lograr la resolución de problemas en aplicaciones industriales. Después de entender el funcionamiento interno de las redes neuronales, el siguiente paso es comprender cómo modelarlas eficazmente y entrenarlas para que desempeñen tareas específicas con alta precisión.

El **modelado de redes neuronales** implica definir la arquitectura de la red, lo que incluye seleccionar el tipo de red adecuado (por ejemplo, percepciones multicapa, redes neuronales convolucionales, redes neuronales recurrentes, etc.), el número de neuronas por capa, la función de activación adecuada para cada capa y el esquema de conexiones entre neuronas. Este proceso es esencial, ya que el diseño de la arquitectura determina la capacidad de la red para aprender y generalizar patrones en los datos.

La **elección de la arquitectura** adecuada depende del problema al que se enfrenta. Por ejemplo, para problemas de clasificación simples se puede utilizar una red completamente conectada con una capa oculta. Sin embargo, para el reconocimiento de imágenes complejas, las redes convolucionales son más adecuadas, debido a su capacidad para detectar características jerárquicas en los datos visuales. Para problemas relacionados con secuencias de tiempo, como el análisis de series temporales o la traducción automática, las redes neuronales recurrentes o los transformadores son más eficientes.

El **número de capas y de neuronas** por capa debe ser cuidadosamente equilibrado, ya que una red demasiado pequeña puede no ser capaz de aprender características relevantes de los datos, mientras que una excesivamente grande corre el riesgo de sobreajustarse al conjunto de entrenamiento, es decir, memorizar los ejemplos sin poder generalizar a datos nuevos.

Las **funciones de activación** determinan la salida de una neurona dada su entrada. Son cruciales para la no linealidad del modelo.

NOTA

Popularmente, se emplean funciones como la función sigmoide, la función tangente hiperbólica y la unidad lineal rectificada (ReLU). La elección de la función adecuada tiene un gran impacto en la capacidad de la red para aprender de los datos.

Entrenar una red neuronal implica ajustar los pesos de las conexiones neuronales para minimizar el error entre las predicciones de la red y las etiquetas verdaderas de los datos de entrenamiento. Este proceso se lleva a cabo usando algoritmos de optimización iterativa:

- **Inicialización del modelo.** Antes de comenzar el proceso de entrenamiento, los pesos de la red se inicializan, generalmente de manera aleatoria. Sin embargo, la técnica de inicialización puede influir significativamente en la tasa de convergencia del entrenamiento y en la calidad del modelo final. Técnicas como la inicialización de He o la inicialización de Xavier son ampliamente utilizadas para mejorar estos aspectos.
- **Función de pérdida y optimización.** La función de pérdida es un componente clave en el entrenamiento de redes neuronales. Mide lo lejos que están las predicciones del modelo de los valores reales. Seleccionar la función de pérdida adecuada es fundamental para un rendimiento óptimo. Para problemas de regresión, a menudo se utiliza el error cuadrático medio, mientras que para problemas de clasificación se prefiere la entropía cruzada.

- **Retropropagación.** La retropropagación es un algoritmo para el cálculo del gradiente de la función de pérdida respecto a los pesos del modelo. Este gradiente indica la dirección en la que los pesos deben cambiar para disminuir el error. La retropropagación funciona moviéndose por el modelo en sentido retrógrado y ajustando los parámetros neuronales basándose en el gradiente calculado.
- **División del conjunto de datos.** Para evaluar el rendimiento del modelo en datos no vistos, es una práctica común dividir el conjunto de datos disponible en tres partes: conjunto de entrenamiento (para ajustar los pesos del modelo), conjunto de validación (para afinación de hiperpará-metros y prevención de sobreajuste) y conjunto de prueba (para la evaluación final del modelo). El uso de técnicas como la validación cruzada puede mejorar la robustez de esta separación.

El **sobreajuste** es un problema común en el entrenamiento de redes neuronales: el modelo muestra un rendimiento excepcional en datos de entrenamiento, pero pobre generalización en datos nuevos. Varias **técnicas** mitigan el riesgo de sobreajuste:

Regulación	Desgaste *(dropout)*
- Técnicas como L1 y L2 ayudan a penalizar pesos muy grandes, lo que conduce a modelos más simples y menos propensos a sobreajustarse.	- Se emplea para prevenir el sobreajuste al "desconectar" aleatoriamente algunos nodos de la red durante el entrenamiento, lo que fuerza a la red a aprender redundancias más robustas y diversidad en la representación de las características.

Aumento de datos
- La manipulación de datos de entrenamiento existentes para generar nuevas instancias (como rotación, desplazamiento o cambio de escala de imágenes) ayuda a aumentar su diversidad, lo cual proporciona a la red neuronal más oportunidades para generalizar patrones subyacentes.

El rendimiento de una red entrenada se evalúa usando métricas apropiadas que dependen de la naturaleza del problema. Para problemas de clasificación, la exactitud, precisión, *recall* y *F1-score* son métricas comunes. Para problemas de regresión, se utilizan el error absoluto medio o el error cuadrado medio.

Una práctica crucial en la evaluación es la **curva de aprendizaje,** que ayuda a visualizar cómo la tasa de error del modelo cambia con respecto a los ciclos de entrenamiento, permitiendo identificar puntos de sobreajuste o el subajuste.

El modelo entrenado y evaluado debe integrarse en los sistemas industriales donde pueda funcionar en un **entorno en vivo.** La implementación incluye optimización para inferencia en tiempo real, adaptaciones para diferentes plataformas (como dispositivos móviles o *hardware* especializado, como las GPU o las TPU) y la monitorización continua de su desempeño para retroalimentar ciclos de reentrenamiento.

Resumiendo, el modelado y entrenamiento de redes neuronales son procesos iterativos y adaptativos, esenciales para la creación de soluciones inteligentes en la industria. Con una arquitectura adecuada, una estrategia de entrenamiento efectiva y técnicas de evaluación y prevención de sobreajuste, es posible desarrollar sistemas robustos que transformen datos brutos en decisiones útiles, mejorando procesos industriales y contribuyendo al avance de la inteligencia artificial como herramienta vital en nuestro mundo moderno.

 ## ACTIVIDAD COMPLEMENTARIA

3. Selecciona un artículo o informe reciente que aborde la implementación de redes neuronales en empresas para mejorar la eficiencia operativa y la competitividad. Resume los principales hallazgos y analiza cómo estos avances pueden ofrecer una ventaja en el mercado y transformar procesos empresariales en los próximos años.

TAREA 3

Una empresa de inversiones está desarrollando un sistema basado en redes neuronales para predecir el precio futuro de acciones en la bolsa. Este sistema recibe como entrada datos históricos, como precios de apertura y cierre, volumen de transacciones y datos económicos generales.

El sistema debe estructurarse como sigue: 1. Capa de entrada: recibe los datos históricos de las acciones y otros indicadores económicos; 2. Capas ocultas: procesan las características no lineales para identificar patrones ocultos en los datos; y 3. Capa de salida: proporciona un valor único que representa el precio esperado de la acción al final del día siguiente.

Explica cómo los pesos y el sesgo (bias) influyen en las predicciones realizadas por la red.

Describe el papel de la función de activación en las capas ocultas para este sistema.

2.2. Identificación de los tipos de redes neuronales más comunes

☞ HILO CONDUCTOR

Dado el alcance de sus necesidades, Soluciones IA S. A. evalúa diferentes tipos de redes neuronales, como las convolucionales para el análisis de imágenes y las recurrentes para procesar datos secuenciales. Esta elección estratégica les permitirá abordar desafíos específicos de su industria.

A medida que nos adentramos en el mundo de las redes neuronales, su modelado y entrenamiento, es fundamental entender las arquitecturas más comunes que configuran el corazón de prácticamente todas las aplicaciones de aprendizaje profundo e inteligencia artificial que encontramos hoy. Las redes neuronales son estructuras inspiradas en el cerebro humano y su elección adecuada depende del problema específico que se vaya a abordar.

Comenzamos nuestro recorrido con las **redes neuronales** *feedforward,* que son la forma más sencilla de red neuronal artificial. En estas redes, la información fluye en una única dirección: desde las entradas, pasando por las capas ocultas, hasta llegar a la capa de salida, sin formar ciclos.

Las características principales de las redes neuronales *feedforward* son las siguientes:

Estructura sencilla y directa
- Cada neurona en una capa está totalmente conectada a las neuronas de la capa siguiente.

Adecuadas para problemas de clasificación
- Cuando las relaciones entre variables de entrada y salida son relativamente simples.

Limitaciones
- No son eficaces para problemas con datos secuenciales o donde la contextualización temporal es vital, debido a su incapacidad para procesar información de una secuencia pasada.

◉ **EJEMPLO**

Un ejemplo claro es el uso de FFNN en problemas de reconocimiento de patrones estáticos, como la clasificación de imágenes donde las relaciones espaciales son menos significativas.

Las redes neuronales convolucionales revolucionaron el campo del reconocimiento visual al introducir la capacidad de extraer características jerárquicas a partir de datos en mallas, es decir, datos que poseen una estructura espacial clara, como las imágenes.

 **PARA SABER MÁS**

En el siguiente artículo: ¡Redes Neuronales CONVOLUCIONALES! ¿Cómo funcionan?, podrás profundizar en el funcionamiento y en la definición de las redes neuronales convolucionales de una manera visual y sencilla.

Accede al artículo desde aquí:

https://redirectoronline.com/ifcd00630201

Las **características** principales de las redes neuronales convolucionales son las siguientes:

- ⮁ **Usan capas de convolución y *pooling*.** Para procesar, detectar y preservar las características espaciales de las imágenes.
- ⮁ **Súper eficaces en la reducción de parámetros.** En comparación con una red completamente conectada (FFNN) de la misma capa dimensional, lo que asegura mayor eficiencia computacional.
- ⮁ **Aplicaciones comunes.** Generalmente utilizadas en tareas de visión por ordenador, como identificación de objetos en imágenes, segmentación semántica y detección de rostros.

 **EJEMPLO**

Una CNN sería la elección predilecta para un sistema de seguridad que necesita identificar objetos en tiempo real.

A diferencia de las redes *feedforward*, las **redes neuronales recurrentes** están diseñadas para trabajar con datos secuenciales. Poseen conexiones que permiten mantener un estado de "memoria", recordando parcialidades de entradas anteriores.

Las **características** principales de las redes neuronales recurrentes son las siguientes:

> **Capacidad para manejar secuencias de datos temporales**
> - Esto las hace ideales para aplicaciones como el procesamiento de lenguaje natural (PLN) y el pronóstico de series temporales.

> **Sufren de problemas de gradiente desvaneciente**
> - Lo que dificulta el aprendizaje de dependencias a largo plazo en secuencias largas.

 **EJEMPLO**

Por ejemplo, las RNN se utilizan en la traducción automática de idiomas, donde la información debe conservar el contexto a lo largo de oraciones completas.

Para solventar las limitaciones de las RNN básicas en la captura de dependencias a largo plazo, se desarrollaron las arquitecturas **LSTM y GRU.** Ambas son variantes diseñadas para manejar el problema de las gradientes desvanecientes. Sus **características** son:

- *Long Short-Term Memory* (**LSTM**). Incorporan "puertas" (gates) para decidir la cantidad de información que debe recordarse o desecharse de una secuencia anterior. Son lentas en el entrenamiento, comparadas con GRU debido a su complejidad estructural.
- *Gated Recurrent Units* (**GRU**). Simplifican el modelo LSTM al combinar y reducir el número de puertas, lo que con frecuencia resulta en modelos más rápidos y fáciles de entrenar. Rendimiento comparable a LSTM en la mayoría de los casos, con menor costo computacional.

IMPORTANTE

Ambas arquitecturas son protagonistas en el PLN, especialmente en tareas como resúmenes automáticos y *chatbots* avanzados.

- -

Por otro lado, las **redes de base radial** son otro tipo especial de redes *feedforward* que utilizan funciones de activación radiales. Son eficaces para problemas de clasificación y regresión en entornos donde los datos se distribuyen de manera uniforme.

Las redes de base radial tienen dos características principales: funcionan mejor con una cantidad limitada de variables de entrada y son potentes para modelar funciones matemáticamente complejas, en las que la relación de los datos es bien definida y está más basada en conceptos geométricos.

Las **redes neuronales generativas antagónicas (GAN),** por su parte, cambiaron radicalmente el enfoque del aprendizaje de máquinas de simples funciones predictivas a la generación creativa de datos. Sus mecanismos de funcionamiento se caracterizan por:

Compuesta de dos redes
- Un generador y un discriminador que actúan como contrincantes. El generador crea datos falsos, mientras que el discriminador intenta identificar las falsificaciones.

Generación automática de contenido realista
- Desde rostros humanos hasta paisajes, e incluso creación de arte.

Un uso emblemático de GAN es el desarrollo de imágenes sintéticas para aumentar *datasets* en aplicaciones donde los datos reales son escasos o difíciles de recolectar.

Dentro de las arquitecturas que exploran el aprendizaje no supervisado, encontramos las **redes de creencias profundas** y las **redes de Boltzmann restringidas.** Las RBM son bloques constructores utilizados en DBN, caracterizados por su arquitectura simétrica y bipartita. Por su parte, las DBN permiten la reducción de dimensionalidad y la extracción de características en los datos sin etiquetar, lo cual allana el camino hacia el aprendizaje no supervisado y el reconocimiento de patrones.

No podemos hablar de redes neuronales sin mencionar paradigmas como **los árboles de decisión** o redes neuronales expansivas, los cuales, aunque conceptualmente distintos, se combinan con redes neuronales para crear soluciones robustas (como en *Random Forest*). Estas son simples de entender y visualizar, pero en conjunto pueden llevar a modelos formidables como los *ensembles*. En ellas, los **paradigmas híbridos como los *ensambles*** integran lo mejor de ambos mundos para aplicaciones de predicción complicada.

Finalmente, pese a que las arquitecturas mencionadas son ya bien conocidas y utilizadas en la industria, el horizonte de las redes neuronales continúa expandiéndose. Desarrollos como ***transformers*** están revolucionando áreas como el procesamiento de lenguaje natural y abriendo caminos hacia dominios del razonamiento y entendimiento contextual.

Interfaz móvil de una herramienta de inteligencia artificial

Los *transformers* introducen la atención como mecanismo clave para superar las limitaciones de procesamiento secuencial de RNN y LSTM. Además, permiten el manejo paralelo de datos secuenciales, haciendo que arquitecturas como BERT y GPT sean altamente eficientes y precisas en tareas de comprensión y generación de texto.

El panorama de las redes neuronales es extenso y fértil, con cada tipo ofreciendo un conjunto único de capacidades y limitaciones que lo hacen mejor adaptado a problemas específicos. La identificación y aplicación correcta de estas arquitecturas es crítica para el éxito de las aplicaciones industriales del aprendizaje automático y la inteligencia artificial. A medida que continuamos avanzando en el aprendizaje profundo, las redes neuronales no solo nos proporcionarán herramientas de análisis más potentes, sino que también abrirán nuevas oportunidades creativas y funcionales para el abordaje de los desafíos del mundo real.

Redes neuronales *feedforward*

Las redes neuronales *feedforward* o redes de avance directo constituyen una de las arquitecturas fundamentales utilizadas en el ámbito del aprendizaje automático y la inteligencia artificial. En este capítulo exploraremos la estructura, el funcionamiento y las aplicaciones de las redes neuronales *feedforward,* lo que proporciona una base sólida para comprender cómo estas son implementadas en diversas industrias.

Una red neuronal *feedforward* es un tipo de red neuronal artificial donde la información se mueve en una sola dirección, desde las entradas, pasando por las capas ocultas, hasta llegar a las salidas.

 **IMPORTANTE**

A diferencia de las redes neuronales recurrentes, no hay ciclos ni bucles dentro de la topología *feedforward*, lo que simplifica el flujo de la información.

Las principales **características** de las redes *feedforward* incluyen:

- ⮱ **Flujo unidireccional.** En estas redes, la dirección del flujo de información es unidireccional, con lo que se evita cualquier retroalimentación entre las neuronas.
- ⮱ **Capas organizadas.** Se componen de una capa de entrada, una o más capas ocultas, y una capa de salida. Esta estructura jerárquica facilita el aprendizaje y la generalización de datos.
- ⮱ **Funcionamiento estático.** Al no tener retroalimentación, funcionan como una máquina estática, proporcionando un cambio constante en las funciones de entrada y salida.

El diseño de las redes *feedforward* está inspirado en la red neuronal biológica del cerebro humano, se adaptan para realizar cálculos complejos.

A continuación se describen los **componentes** esenciales de una red *feedforward:*

- **Capa de entrada:** la capa de entrada recibe datos externos. Cada nodo en esta capa representa una característica distinta de los datos y no se realiza ningún cálculo en esta capa.
- **Capas ocultas:** las capas ocultas son las verdaderas "máquinas de cálculo" y son responsables de la mayoría de las transformaciones de los datos. Cada capa oculta puede contener múltiples neuronas, donde cada una de estas aplica una transformación no lineal a los datos.
- **Capa de salida:** en la capa de salida, se obtienen las predicciones o clasificaciones realizadas por la red neuronal. Para problemas de categorización, suele haber tantas neuronas como categorías de destino, mientras que en regresión puede haber una única neurona de salida.

Cada neurona dentro de las capas ocultas y de salida de una red *feedforward* aplica una **función de activación** a su entrada ponderada para determinar su propia salida. Las funciones de activación introducen no linealidades en el modelo, lo cual es crucial para que la red pueda aprender representaciones complejas de los datos.

Durante la fase de propagación hacia adelante, cada nodo calcula una suma ponderada de sus entradas, aplica la función de activación y pasa la salida resultante a las neuronas situadas en la siguiente capa.

Sus **funciones de activación comunes** son:

Sigmoide
- Comprime la salida a un rango entre 0 y 1. Es especialmente útil en la última capa de las redes que hacen clasificación binaria.

Tangente hiperbólica (tanh)
- Escala la salida entre −1 y 1. Suele proporcionar convergencia más rápida que la función sigmoide.

Rectificador lineal unitario (ReLU)
- Aplica una función lineal a valores positivos y reduce a cero los valores negativos, promoviendo la esparsidad en las activaciones.

El **proceso de entrenamiento** de una red neuronal *feedforward* consiste en ajustar los pesos sinápticos para minimizar la diferencia entre las salidas reales y las esperadas. El método más utilizado para el entrenamiento de redes *feedforward* es el algoritmo de retropropagación.

El **algoritmo de retropropagación** es un proceso iterativo que ajusta los pesos mediante el descenso por el gradiente de una función de error. Incluye dos etapas principales:

Propagación hacia adelante

- Se calcula la salida de la red usando las entradas de entrenamiento iniciales y los pesos actuales.

Propagación hacia atrás

- Calcula el error en la salida y propaga dicho error hacia atrás a través de las capas de la red, actualizando los pesos mediante el gradiente descendente para minimizar la función de pérdida.

El entrenamiento se repite hasta que el modelo alcanza un umbral de precisión o un número máximo de iteraciones.

👁 EJEMPLO

Para ilustrar cómo funciona una red *feedforward* en contextos industriales, consideremos un ejemplo práctico en el ámbito de la detección de fraudes con tarjetas de crédito:

1. Capa de entrada: se puede usar como entrada información del cliente, como historial de transacciones, geolocalización y monto de la transacción.
2. Capas ocultas: estas capas procesan las características de manera conjunta para identificar patrones complejos que podrían indicar un comportamiento fraudulento.
3. Capa de salida: se encuentra la predicción final, normalmente a través de una función de activación sigmoide que determina la probabilidad de que una transacción sea fraudulenta o no.

Las redes neuronales *feedforward* son versátiles y se utilizan en una amplia gama de aplicaciones industriales. Algunos **ejemplos** notables incluyen:

- **Reconocimiento de imágenes.** En aplicaciones como la clasificación de imágenes, las arquitecturas feedforward constituyen la base del aprendizaje profundo.
- **Procesamiento del lenguaje natural.** Usadas para tareas de traducción automática y análisis de sentimiento, debido a su capacidad para modelar distribuciones complejas.
- **Sistemas de recomendación.** Empleadas para predecir las preferencias de los usuarios, basándose en patrones de comportamiento.

Las redes neuronales *feedforward* son herramientas poderosas y flexibles para resolver problemas complejos en diversas industrias, desde la salud hasta las finanzas y más allá. Su estructura sencilla pero efectiva las convierte en el pilar de muchas aplicaciones modernas de inteligencia artificial. A medida que la investigación avanza, se desarrollan arquitecturas de red más elaboradas, pero las bases construidas sobre las redes neuronales *feedforward* continúan siendo esenciales para comprender los avances en el campo del aprendizaje automático.

Redes neuronales convolucionales

En el mundo del aprendizaje automático y la inteligencia artificial, las redes neuronales han revolucionado la forma en que procesamos información. En el capítulo anterior exploramos las redes neuronales *feedforward,* un modelo básico pero fundamental en el aprendizaje supervisado. Sin embargo, el desarrollo de modelos más complejos y específicos para ciertas **tareas especializadas** llevó a la creación de las redes neuronales convolucionales (CNN), que tienen un impacto considerable, especialmente en el procesamiento de imágenes y visión por ordenador.

Las **redes neuronales convolucionales (CNN)** son un tipo específico de red neuronal que se utiliza principalmente para el análisis de datos que tienen un patrón de cuadrícula, como imágenes. Inspiradas por la estructura del sistema visual humano, las CNN fueron diseñadas para procesar y reconocer patrones en las imágenes, aunque también se han aplicado a otras áreas, como el procesamiento de lenguaje natural y la serie temporal de datos.

A diferencia de las redes *feedforward,* en las que cada neurona se conecta directamente a cada una de las entradas en la capa anterior, las CNN toman **ventaja de la organización espacial de los datos de entrada.** Este enfoque permite que las CNN sean más eficientes en términos de costo computacional y más efectivas en términos de precisión y capacidad para reconocer patrones complejos.

Las redes neuronales convolucionales están compuestas por capas que transforman progresivamente la información de entrada en una representación más abstracta y compacta. Las **capas principales** son:

➲ **Capa convolucional.** La capa convolucional es la piedra angular de la CNN. En esta capa se aplican filtros (también conocidos como *kernels*) a los datos de entrada, que recorren la imagen, realizando una operación de convolución que produce mapas de características *(feature maps)*. Estos filtros son la clave para detectar bordes, texturas, patrones y más detalles en las imágenes. El aspecto que distingue a las redes convolucionales es que cada filtro en la capa convolucional está diseñado para detectar una característica específica de la imagen: un borde vertical, un borde horizontal, una curva o alguna combinación más compleja de características de imagen. Con múltiples filtros en cada capa, las redes pueden aprender una jerarquía de características que se vuelven cada vez más abstractas en las capas más profundas de la red.

➲ **Capa de *pooling*.** La capa de *pooling* o capa de submuestreo tiene como objetivo reducir la dimensionalidad espacial de los mapas de características. Existen varias técnicas de pooling, pero las más comunes son *max-pooling* y *average-pooling*. En *max-pooling,* la capa selecciona el valor máximo de un bloque de características, mientras que en *average-pooling* selecciona el promedio de estos valores. Esta operación ayuda a reducir la cantidad de parámetros y computación en la red, controla el problema del sobreajuste y proporciona cierta variante de traducción al modelo.

➲ **Capas totalmente conectadas.** Estas capas son similares a las usadas en las redes *feedforward* y son normalmente las últimas en la arquitectura de una CNN. Toman las características abstractas aprendidas a través de las capas convolucionales y realizan una función no lineal para clasificar la imagen o tomar una decisión final.

El funcionamiento de las CNN se basa en el aprendizaje supervisado. Durante el entrenamiento, los filtros son ajustados mediante algoritmos, como el descenso por el gradiente y la *backpropagation:*

➲ **Inicialización.** Se eligen valores iniciales para los filtros y pesos, usualmente aleatorios.

➲ **Propagación hacia adelante.** Se introducen los datos de entrada (por ejemplo, imágenes) a través del modelo. Las activaciones se calculan en cada capa usando funciones de activación como ReLU (unidad lineal rectificada), que introduce no linealidades en el modelo y permite aprender funciones complejas.

⊃ **Cálculo de la pérdida.** Se calcula la diferencia entre la predicción de la red y la verdadera etiqueta de las imágenes mediante una función de pérdida, como la pérdida de entropía cruzada para clasificación.

⊃ *Backpropagation.* Este paso involucra la actualización de pesos usando el error calculado. La gradiente del error con respecto a cada peso se calcula y se actualiza utilizando la regla de aprendizaje que minimiza el error acumulativo.

⊃ **Actualización de pesos.** El ajuste de los pesos de los filtros y las capas totalmente conectadas se realiza con el objetivo de minimizar la función de pérdida global, lo que en esencia "entrena" a la red para hacer mejores predicciones en futuros datos de entrada.

Las redes neuronales convolucionales han demostrado ser efectivas en diversas aplicaciones industriales más allá del reconocimiento general de imágenes. Algunos **ejemplos** son:

⊃ **Automóviles autónomos:** las CNN se utilizan en sistemas de percepción para detectar y clasificar objetos en el entorno de un vehículo, como peatones, señales de tráfico y otros vehículos, lo cual es esencial para la navegación autónoma.

⊃ **Medicina:** en radiología, las CNN se emplean para automatizar el diagnóstico por imágenes médicas. Un caso es la identificación de tumores en mamografías o el análisis de resonancias magnéticas, aumentando la precisión del diagnóstico y reduciendo el tiempo del proceso.

⊃ **Seguridad y vigilancia:** las CNN son utilizadas para sistemas de reconocimiento facial eficiente en tiempo real, que ahora son comunes en aeropuertos y estaciones de trenes para mejorar la seguridad y la gestión de identidad.

⊃ **Agricultura:** el análisis de imágenes satelitales mediante CNN ayuda a monitorear el crecimiento de cultivos, la detección de enfermedades en plantas y la gestión del uso del suelo en una forma optimizada.

A pesar de su eficacia, las CNN presentan **desafíos en términos de potencia computacional y memoria,** especialmente a escala industrial. Además, son sensibles a las variaciones adversas *(adversarial attacks),* que pueden llevar a malas interpretaciones de imágenes con ligeras alteraciones en los datos de entrada. Para mitigar estas limitaciones, han surgido **innovaciones** como:

Redes neuronales profundas y residuales (ResNets)
- Estas redes incorporan mecanismos de *bypassing* para enfrentar problemas de *vanishing gradients*. Permiten entrenar redes más profundas.

Transferencia de aprendizaje
- Consiste en adaptar redes preentrenadas a nuevas tareas con datos limitados, reduciendo el tiempo de entrenamiento.

Aprendizaje no supervisado y autosupervisado
- Técnicas que no requieren grandes cantidades de datos etiquetados y permiten a la red aprender directamente de la estructura de los datos de entrada.

Las redes neuronales convolucionales representan un avance transformador en la computación cognitiva. Desde su introducción, han superado las limitaciones de los modelos tradicionales, permitiendo aplicaciones industriales que antes eran consideradas ciencia ficción. La continua evolución en los algoritmos, métodos de entrenamiento y *hardware,* como procesadores gráficos más potentes, asegura que las CNN seguirán siendo una herramienta dominante para la inteligencia artificial en el futuro cercano, abriendo nuevas oportunidades en diversos sectores.

Redes neuronales recurrentes

En nuestra exploración acerca de las redes neuronales, hemos cubierto las redes neuronales convolucionales (CNN), que son particularmente efectivas para procesar datos en forma de cuadrículas, como las imágenes. Ahora nos embarcaremos en el estudio de las redes neuronales recurrentes (RNN), un tipo de arquitectura neural que se adapta especialmente bien al tratamiento de secuencias de datos. Las RNN son especialmente útiles en aplicaciones en las que los datos pueden representarse como una serie temporal, como el **reconocimiento de voz,** el **procesamiento del lenguaje natural** y la **predicción de series temporales financieras.**

A diferencia de las redes neuronales artificiales (ANN) estándar, las RNN tienen una arquitectura que les permite **retener información sobre los pasos de tiempo anteriores,** lo que les otorga lo que se llama memoria a corto plazo. Esta capacidad es crucial para tareas secuenciales en las que el contexto a partir de secuencias anteriores influye en el resultado actual.

Mientras que en una red *feedforward* la información fluye en una sola dirección de las entradas a las salidas, las RNN están diseñadas con conexiones en bucle, lo que permite que la información persista.

Una RNN procesa una secuencia de datos de una manera que toma cada entrada de la secuencia, actualiza un estado "oculto" intermedio y finalmente produce una salida. Este **estado oculto** funciona precisamente como un tipo de memoria, almacenando información sobre lo que se ha observado en las secuencias previas de entradas.

Finalmente, una **función de activación no lineal** se aplica después de cada multiplicación matricial, lo que permite a la red aprender representaciones complejas y abstractas de los datos de entrada.

Seleccionar el tipo correcto de red neuronal y su arquitectura puede ser determinante para el éxito en aplicaciones industriales de inteligencia artificial, en especial en procesos orientados a la secuencia que se benefician ampliamente de las redes neuronales recurrentes.

La arquitectura fundamental de una RNN comprende una capa de entradas, una capa oculta recurrente y una capa de salidas. Cada nodo en la capa recurrente también está conectado a sí mismo (*feedforward* **inverso),** lo que permite que los nodos en esta capa mantengan una memoria sobre las entradas anteriores. Esto es el rasgo más distintivo de las RNN.

Aunque las RNN han demostrado ser herramientas poderosas para manejar datos secuenciales, también nos ponen ante ciertos **desafíos.** Uno de los problemas más significativos es el del **desvanecimiento o la explosión de gradientes.** Este problema surge durante la fase de entrenamiento, cuando los gradientes utilizados para actualizar los pesos durante la retropropagación a través del tiempo se vuelven extremadamente pequeños o extremadamente grandes, lo que puede detener el entrenamiento o causar que los pesos diverjan.

Las RNN son particularmente propensas a estos problemas, debido a su **estructura de bucles**, por lo que a menudo requieren de técnicas adicionales para estabilizar el proceso de aprendizaje. Una de las soluciones efectivas para el desvanecimiento de gradientes es el **uso de capas recurrentes especiales** como *Long Short-Term Memory* (LSTM) y *Gated Recurrent Unit* (GRU), que introducen puertas (*gates*) que regulan el flujo de información.

SABÍAS QUE...

Las LSTM fueron propuestas por Hochreiter y Schmidhuber en 1997 como una solución al problema de los gradientes que se desvanecen. Son capaces de aprender dependencias a largo plazo en secuencias de datos.

Las LSTM introducen una célula de memoria, que es capaz de almacenar información durante largos períodos de tiempo, superando la limitación de la memoria a corto plazo de las RNN estándar.

Cada LSTM cuenta con tres compuertas: de entrada, de salida y de olvido. Estas compuertas se utilizan para controlar el flujo de información hacia y desde la célula de memoria, permitiendo que esta retenga información relevante de entradas pasadas para el futuro necesario y olvide información que ya no es necesaria.

El funcionamiento de las LSTM se puede organizar en las siguientes **etapas:**

Puerta de entrada
- Determina qué parte de la información de entrada se usará para actualizar el estado de la célula.

Nueva candidata de estado
- Utiliza la entrada actual y el estado oculto anterior para crear una candidata potencial para el nuevo estado.

Estado de la célula
- Actualiza la célula de memoria al combinar la candidata de estado y lo que la puerta de olvido ha permitido conservar del estado anterior.

Puerta de salida
- Determina la salida basada en el estado de la célula y las entradas actuales.

El diseño de las LSTM permite a estas redes recordar procesos prolongados, es decir, que permiten que las redes neuronales recuerden información crucial durante largos periodos y no limitarse solamente a pasos anteriores inmediatos.

Por su parte, las **GRU** son una simplificación de las LSTM que también buscan aprender dependencias a largo plazo, pero con un diseño más sencillo. A diferencia de las LSTM, las GRU no tienen una célula de memoria separada; en cambio, **combinan los estados ocultos y de memoria en uno solo.**

Las GRU contienen dos **compuertas:**

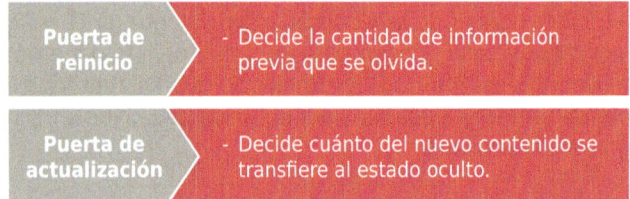

La configuración simplificada de las GRU tiene menos parámetros y puede ser menos costosa computacionalmente que las LSTM, lo que hace que sean una alternativa efectiva, especialmente cuando el tamaño del modelo y la velocidad de aplicación son más importantes que la memoria a largo plazo.

Las RNN son la base fundamental en diversas aplicaciones relevantes, debido a su capacidad de procesar secuencias. Pueden modelar datos temporales con considerable eficacia. Ambas, LSTM y GRU se han incorporado de manera destacada en múltiples industrias.

A continuación, algunas de las **aplicaciones más relevantes:**

⊃ **NLP.** El uso predominante de las RNN en la IA moderna es en aplicaciones de procesamiento del lenguaje natural. Por ejemplo, las traducciones automáticas, que han visto una progresión significativa a través de técnicas de secuencia a secuencia (Seq2Seq) alentadas por las LSTM y GRU. Similarmente, los modelos basados en atención han mejorado en gran medida cuando se combinan con RNN. Las RNN también se utilizan en la construcción de sistemas de diálogo y *chatbots* que requieran comprensión contextual, análisis de sentimientos para categorizar textos y generación de texto automático.

● **Reconocimiento de voz.** El reconocimiento automático del habla (ASR) es otra área crítica donde las RNN han demostrado ser excepcionales. Los modelos de lenguaje que incorporan RNN pueden generar transcripciones de audio en tiempo real con un elevado grado de precisión. Las RNN, y las LSTM en particular, han mejorado la capacidad de los sistemas para discriminar entre las palabras muy similares fonéticamente y reconocer la variabilidad del habla natural, impulsándolas a su uso en asistentes virtuales.

● **Predicción de series temporales.** El análisis y la predicción de series temporales son tecnológicamente incrementadas por las RNN, lo cual es vital en industrias como las finanzas y la meteorología. En las finanzas, las RNN predicen acciones de mercado y precios de divisas, ayudando a tomar decisiones de inversión más precisas. En el ámbito climático, son útiles para prever el clima, cálculos cristalinos de precipitación y otros fenómenos naturales basados en datos históricos.

● **Captación de vídeo y generación de resumen.** La capacidad de las RNN para recordar información durante largos períodos las convierte en la opción ideal para tareas como la captación de vídeo y la generación de resumen textual. En la industria del entretenimiento y educación, los modelos automáticos generan descripciones para diferentes segmentos de vídeos, permitiendo a los usuarios ver instantes destacados de contenidos.

Mientras que el uso de RNN para las aplicaciones industriales tiene un enorme potencial, lograr una implementación efectiva requiere una cuidadosa consideración del **diseño del modelo.** La selección de **hiperparámetros específicos,** como el número de capas y unidades ocultas, debe optimizarse en función del problema específico abordado. Retener un equilibrio entre la precisión y la eficiencia computacional es fundamental.

El uso de **técnicas de regularización** tales como el *dropout* y la implementación de optimización de ADAM o RMSprop, pueden mejorar drásticamente el rendimiento y la estabilidad del modelo, al acelerar la convergencia durante el entrenamiento. Además, las técnicas de aprendizaje por transferencia permiten *finetuning* de modelos RNN preentrenados hacia nuevas tareas, mediante el reciclaje de lo aprendido en modelos preexistentes establecidos.

⊕ PARA SABER MÁS

En el siguiente trabajo de investigación sobre la aplicación del *dropout* en redes neuronales llamado: "Aplicación del *dropout* a la cuantificación de la incertidumbre en redes neuronales", podrás ampliar información sobre esta técnica de regularización.

Accede al trabajo desde aquí:

https://redirectoronline.com/ifcd00630202

Las redes neuronales recurrentes han demostrado capacidades únicas en el aprendizaje de secuencias temporales de datos, haciéndolas herramientas poderosas para **aplicaciones donde el tiempo y orden de datos influyen profundamente en los resultados.** Ya sea a través del procesamiento de lenguaje natural o aplicaciones en el reconocimiento de voz y visión por computadora, las RNN han impulsado significativas mejoras en precisión de tecnología automatizada de vanguardia.

Entender y aplicar estos modelos adecuadamente en industrias de inteligencia artificial podría potenciar la innovación continua, haciéndolas aptas para un número cada vez mayor de implementaciones. Con la introducción y el uso adicional de variaciones de RNN como LSTM y GRU, la capacidad de representar y generalizar secuencias largas y complejas sigue abriendo nuevas oportunidades de aplicación.

Al estudiante y profesional del aprendizaje automático y la inteligencia artificial le corresponde profundizar en el diseño de modelos recurrentes y reconocer su potencial transformador para resolver problemas industriales intrincados y habilitar sistemas más inteligentes y eficientes.

 **TAREA 4**

Una entidad financiera busca reducir el número de fraudes con tarjetas de crédito mediante la implementación de un sistema basado en redes neuronales *feedforward*. Este sistema debe procesar grandes cantidades de datos sobre transacciones para identificar patrones de comportamiento sospechoso en tiempo real.

La red contará con las siguientes características: 1. Una capa de entrada que incluye variables como el historial de transacciones, la ubicación del cliente y el monto de las transacciones; 2. Varias capas ocultas para procesar e identificar patrones complejos; y 3. Una capa de salida con una probabilidad que indique si una transacción es fraudulenta o no.

¿Cómo las redes *feedforward* pueden aprender patrones que diferencian una transacción legítima de una fraudulenta? Explica cómo el uso del algoritmo de retropropagación contribuye a mejorar la precisión del sistema en la detección de fraudes.

2.3. Aplicación de *deep learning* en redes neuronales

👉 **HILO CONDUCTOR**

Soluciones IA S. A. implementa técnicas avanzadas de *deep learning* para optimizar sus redes neuronales. Estas técnicas permiten a la empresa mejorar la precisión en la toma de decisiones y automatizar procesos complejos, consolidando su posición como líder en innovación dentro de su sector.

El desarrollo del *deep learning* ha revolucionado prácticamente todas las áreas del aprendizaje automático, abriendo nuevas puertas de exploración y aplicación en una serie de campos, que van desde la visión por computadora hasta el procesamiento del lenguaje natural. En el contexto de las redes neuronales, el *deep learning* permite la **creación y el entrenamiento de modelos extremadamente complejos y profundos,** capaces de aprender representaciones jerárquicas de datos. Este capítulo está dedicado a explorar las aplicaciones del *deep learning* en redes neuronales, abordando tanto los conceptos fundamentales como las implicaciones prácticas de su implementación en el mundo real.

El *deep learning* o aprendizaje profundo es una subdisciplina del aprendizaje automático que emplea **redes neuronales profundas** para modelar patrones complejos y representaciones de datos con múltiples niveles de abstracción. Este acercamiento ha permitido superar las limitaciones de las redes neuronales tradicionales, conocidas por su capacidad limitada de capturar y generalizar patrones en conjuntos de datos complejos debido a su arquitectura menos profunda.

Las redes neuronales profundas se caracterizan por la presencia de **múltiples capas internas** (capas ocultas), que ofrecen una mayor capacidad para identificar patrones imperceptibles a modelos menos complejos. En estas arquitecturas, cada capa procesa la información de la capa anterior, convirtiendo señales al detectar niveles complejos de abstracción en los datos brutos.

Para comprender la aplicación del *deep learning* en las redes neuronales, es esencial familiarizarse con la **estructura y** el **funcionamiento** de las redes neuronales profundas:

- **Capas de entrada y salida.** Las redes neuronales profundas tienen una capa de entrada que recibe datos brutos (imágenes, texto, etc.) y una capa de salida que produce predicciones o identificaciones relevantes según la tarea específica.
- **Capas ocultas.** Entre las capas de entrada y salida se ubican las capas ocultas, donde ocurre la magia del *deep learning*. Estas capas permiten que la red aprenda múltiples representaciones de los datos, cada una más abstracta que la anterior.
- **Activación de neuronas.** Las funciones de activación, como la ReLU (rectificador lineal) o las funciones sigmoide y tangente hiperbólica, ayudan a capturar patrones no lineales en los datos, dotando a la red de la capacidad para resolver problemas complejos.
- **Propagación hacia atrás y optimización.** A través de un proceso conocido como *backpropagation,* la red neuronal profunda ajusta sus pesos internos mediante el cálculo del gradiente y el uso de optimizadores como el descenso de gradiente ajustado (SGD), Adam, entre otros, para reducir el error de predicción entre la salida de la red y los datos objetivos.

Existen diversas arquitecturas para redes neuronales profundas, cada una optimizada para diferentes tipos de tareas y aplicaciones.

Las **redes neuronales convolucionales** están diseñadas específicamente para procesar datos estructurados en forma de grilla, como imágenes. Las CNN aplican capas convolucionales que exploran patrones espaciales mediante filtros que recorren la imagen, capturando características como bordes, texturas y formas. Las **aplicaciones** destacadas de las CNN incluyen:

Visión por computadora
- Tareas como el reconocimiento de objetos, la clasificación de imágenes y la detección facial utilizan CNN para procesar y entender imágenes.

Análisis a nivel de píxel
- En la segmentación de imágenes, las CNN identifican y distinguen diferentes partes de una imagen. Esencial en campos como la medicina para localizar tumores o áreas afectadas en estudios radiológicos.

Por su parte, las **LSTM,** variantes de las redes neuronales recurrentes abordadas en el capítulo anterior, están especializadas en datos secuenciales. Son capaces de recordar información durante periodos prolongados, haciendo de ellas una elección óptima para tareas de procesamiento de series temporales y secuencias de texto. Sus aplicaciones populares incluyen:

PLN
- Tareas como la traducción automática, el resumen de texto y la clasificación de sentimientos son impulsadas por LSTM, dada su capacidad para entender el contexto y la dependencia secuencial en datos textuales.

Predicción en series temporales
- Las aplicaciones incluyen la previsión financiera y la predicción de la demanda de energía, cuando el objetivo es anticipar futuros puntos de datos en función de las observaciones pasadas.

Las **GAN** han ganado notoriedad debido a su capacidad para generar nuevos datos sintéticos, que se asemejan al conjunto de datos de entrenamiento. Se componen de dos redes neuronales profundas que compiten entre sí: un generador que intenta crear datos artificiales y un discriminador que evalúa la autenticidad de los datos.

Las aplicaciones diversas y creativas de las GAN incorporan:

Imágenes sintéticas	- Generación de imágenes realistas y ampliación de conjuntos de datos en el desarrollo de modelos de visión por computadora robustos.
Transferencia de estilo	- Transformar imágenes al reflejar los estilos artísticos de diferentes pintores, llevando el arte y el diseño gráfico a nuevas dimensiones de exploración creativa.

Los **transformadores** han emergido como la arquitectura de elección para el procesamiento del lenguaje natural, debido a su modelo de atención, que permite un procesamiento eficiente de secuencias largas sin perder el contexto esencial. Las importantes aplicaciones de los transformadores incluyen:

Modelos de lenguaje avanzados
- Implementaciones como *BERT* y *GPT-3* redefinen la comprensión del lenguaje humano y son utilizados en una variedad de aplicaciones, desde *chatbots* hasta sistemas de recomendación.

Traducción automática
- Mejorando sobre arquitecturas anteriores, los transformadores han demostrado una capacidad superior para manejar la traducción entre múltiples idiomas, al comprender de forma más efectiva las relaciones contextuales dentro de las oraciones.

A pesar de sus capacidades avanzadas, el despliegue de redes neuronales profundas está acompañado de ciertos **desafíos,** que los investigadores y desarrolladores deben considerar:

- **Grandes requerimientos de datos y procesamiento.** Las redes profundas requieren cantidades significativas de datos y poder de cómputo, lo cual puede ser costoso y limitante para pequeñas organizaciones.
- **Problemas de interpretabilidad.** La naturaleza de caja negra de los modelos profundos dificulta la comprensión de cómo se toman decisiones específicas, lo que genera problemas en la implementación en áreas sensibles como la salud y las finanzas.

→ **Riesgo de sobreajuste.** Modelos complejos y profundos corren el riesgo de memorizar en lugar de aprender, especialmente si no se cursan medidas adecuadas como la regularización y el uso de conjuntos de datos de validación.

Adoptar un **enfoque estratégico** en la implementación del *deep learning* permite superar estos desafíos, maximizando el valor derivado de aplicar modelos profundos en redes neuronales. A través de redes como las CNN, las RNN, las LSTM, las GAN y los transformadores, las posibilidades de extracción de datos se amplían exponencialmente, lo cual impacta en campos diversos, revoluciona industrias y genera nuevas tangentes de desarrollo tecnológico.

Las industrias y los sectores que adopten estas innovaciones podrán beneficiarse del aprendizaje profundo en áreas de automatización incrementada, eficiencia mejorada en el análisis de grandes volúmenes de datos y la creación de soluciones sostenibles y escalables que definirán el futuro del crecimiento tecnológico. Así, el *deep learning* no solo marca el avance de las redes neuronales, sino también actúa como catalizador para instigar cambios fundamentales en el panorama industrial contemporáneo.

Beneficios del *deep learning* para la industria

El *deep learning* o aprendizaje profundo ha emergido como una de las herramientas más revolucionarias en el ámbito de la tecnología, especialmente cuando se trata de **aplicaciones industriales.** El *deep learning* permite la **creación de sistemas de automatización avanzados** que pueden aprender a realizar tareas complejas con un mínimo de intervención humana. Esto se traduce en diversas aplicaciones, como el ensamblaje de componentes en líneas de producción, donde las redes neuronales profundas pueden identificar y clasificar componentes con una precisión superior, eliminando errores humanos y aumentando la velocidad de producción.

 **EJEMPLO**

Un ejemplo claro es el de la industria automotriz, donde los sistemas de visión artificial basados en *deep learning* son capaces de inspeccionar cada vehículo producido en tiempo real, identificando defectos que de otro modo requerirían de intervención humana exhaustiva y sujeta a errores.

Otro beneficio considerable del *deep learning* en la industria es la **mejora del control de calidad.** Las redes neuronales profundas pueden ser entrenadas para predecir la calidad del producto final, basándose en una variedad de parámetros en tiempo real. Por ejemplo, en la industria textil el aprendizaje profundo puede jugar un papel vital al predecir y ajustar las tensiones en los materiales textiles, para asegurar que el producto final mantenga las especificaciones de calidad deseadas. Esto se realiza a través de detectores ultrasensibles, que emplean redes neuronales para analizar datos variables que inciden en la calidad, como la velocidad de las máquinas, la temperatura y la humedad.

Las capacidades de **aprendizaje y predicción del *deep learning*** también lo convierten en una herramienta valiosa para el mantenimiento predictivo. Las máquinas equipadas con sensores avanzados pueden monitorear su propio estado utilizando redes de aprendizaje profundo para predecir fallos inminentes antes de que ocurran. Esto es especialmente vital en la industria manufacturera, en la que el tiempo de inactividad no planificado puede costar millones de dólares. Por ejemplo, en una planta de energía eléctrica un sistema de mantenimiento predictivo basado en *deep learning* podría detectar anomalías vibratorias en una turbina, emitiendo una alerta para que los ingenieros inspeccionen y solucionen el problema antes de que una falla catastrófica se produzca.

Por otro lado, el aprendizaje profundo contribuye significativamente a **mejorar la seguridad en el lugar de trabajo,** mediante el monitoreo de flujos de trabajo y el análisis de datos de seguridad. En la industria de la construcción, por ejemplo, los sistemas de visión basados en *deep learning* pueden monitorear si los trabajadores están utilizando el equipo de seguridad adecuado. En cuando al medioambiente, puede aplicarse para identificar patrones de emisiones de gases nocivos o detección de contaminantes, pues pueden detectar cambios minúsculos en las imágenes térmicas de una planta industrial.

En la industria del *retail* y la moda, el *deep learning* puede **analizar vastas cantidades de datos** de clientes para predecir tendencias de consumo y personalizar ofertas. Esto no solo optimiza ingresos, sino que también permite a las empresas posicionar productos que se adapten individualmente a las preferencias de cada consumidor. Por ejemplo, utilizando algoritmos de recomendación basados en *deep learning,* una plataforma de *e-commerce* puede sugerir productos asociados basándose en compras anteriores, el comportamiento de navegación y las preferencias declaradas.

Además, las redes neuronales profundas han transformado la forma en que las industrias abordan el servicio al cliente. ***Chatbots*** avanzados y sistemas de soporte al cliente basados en procesamiento de lenguaje natural (NLP) pueden entender y generar respuestas a consultas complejas con precisión similar a la humana. Las empresas en sectores como telecomunicaciones y servicios financieros están utilizando el *deep learning* para manejar miles de interacciones con clientes al día, con lo que mejoran la experiencia del cliente y reducen costos de personal.

Uso de asistentes virtuales en plataformas empresariales.

La capacidad del aprendizaje profundo para funcionar sobre vastas cantidades de datos hace que sea un aliado poderoso en **aplicaciones de visión artificial,** crucial para la industria médica, agrícola y de seguridad.

 **EJEMPLO**

En agricultura, por ejemplo, las imágenes satelitales procesadas por redes profundas pueden analizar la salud de los cultivos y detectar la presencia de plagas o enfermedades en etapas iniciales, mejorando la producción sostenible y eficiente.

Este breve análisis de los beneficios industriales del *deep learning* da cuenta de su **potencial transformador.** Al automatizar procesos, superar desafíos tecnológicos y ofrecer perspectivas sin precedentes, el *deep learning* sigue siendo un pilar central para la consolidación de la industria del futuro. La inversión en esta tecnología y en su integración continua promete no solo incremento de eficiencia y reducción de costos, sino también dar forma a un ecosistema industrial más dinámico e innovador. La sinergia entre el *deep learning* y otros desarrollos tecnológicos como el internet de las cosas (IoT) y la inteligencia artificial, promete catapultar la industria hacia un nuevo paradigma de operaciones autónomas e inteligentes.

Implementación práctica en procesos industriales

La **automatización y la mejora de procesos en el ámbito industrial** son áreas prolíficas para la implementación de aprendizaje automático y la inteligencia artificial, en particular para las redes neuronales. Dentro del marco del *deep learning*, la forma en que estas técnicas se integran en el entorno manufacturero puede ser determinante para alcanzar una eficiencia superior y desarrollar ventajas competitivas.

Las redes neuronales, inspiradas en el funcionamiento del cerebro humano, poseen la capacidad de aprender de grandes cantidades de datos y realizar predicciones o clasificaciones más precisas que los métodos estadísticos tradicionales. En la industria, estas redes pueden aplicarse para **optimizar los procesos de producción, mantenimiento predictivo, control de calidad, detección de fallos, personalización de productos y logística,** entre otros.

 **EJEMPLO**

En una planta de fabricación, las redes neuronales pueden ser entrenadas para reconocer patrones en las líneas de producción que indiquen fallas en maquinaria, lo que permite una intervención temprana para evitar el tiempo de inactividad y el costoso mantenimiento reactivo.

La clave para una implementación exitosa es identificar adecuadamente las áreas que pueden beneficiarse de las redes neuronales. Estas áreas incluyen:

⊃ **Control de calidad automatizado.** Las inspecciones visuales, que históricamente han sido realizadas manualmente por operarios, pueden beneficiarse enormemente de la capacidad de las redes neuronales para el reconocimiento de patrones y objetos. Por ejemplo, en la industria automotriz, las redes pueden utilizarse para identificar defectos superficiales en piezas después de pintar o ensamblar, reduciendo así las posibilidades de errores humanos y aumentando la consistencia del producto.

‣ **Mantenimiento predictivo.** El mantenimiento predictivo busca minimizar el tiempo de inactividad inesperado al predecir cuándo una máquina probablemente fallará. Se pueden utilizar redes neuronales entrenadas con datos históricos de las máquinas para identificar patrones que precedan una falla, alertando al personal antes de que ocurra un problema real. Esto es especialmente valioso en la industria del petróleo y el gas, donde las operaciones ininterrumpidas son críticas.

‣ **Optimización de procesos.** Las redes neuronales pueden ayudar a refinar los procesos de producción mediante el análisis de variables complejas e interdependientes que afectan a la eficiencia de la operación. Por ejemplo, en la industria química la optimización del control de temperatura y presión en reactores puede lograrse entrenando redes para proporcionar las mejores combinaciones de parámetros que maximicen el rendimiento y la calidad.

A pesar de sus beneficios, la aplicación de redes neuronales en el ámbito industrial no está exenta de desafíos. Las siguientes **consideraciones** deben tenerse en cuenta:

‣ **Disponibilidad y calidad de datos.** Las redes neuronales requieren grandes cantidades de datos para ser entrenadas efectivamente. Las organizaciones deben garantizar que cuentan con infraestructura y prácticas para la recopilación y almacenamiento de datos de alta calidad. Los datos inexactos, incompletos o ruidosos pueden llevar a modelos erróneos que comprometan la fiabilidad de las predicciones.

‣ **Integración con sistemas existentes.** La implementación de redes neuronales debe ser compatible con las infraestructuras tecnológicas existentes. La falta de integración puede resultar en procesos aislados que no contribuyan significativamente al objetivo de la optimización general del sistema. Por lo tanto, se requiere una planeación detallada para asegurar que la nueva tecnología se alinee con los sistemas de ejecución y las prácticas actuales.

‣ **Costos y capacitación.** Los costos de implementación de redes neuronales pueden ser considerables, especialmente para las pequeñas y medianas empresas. Además, el personal debe ser adecuadamente entrenado para mantener y operar los modelos, lo que genera la necesidad de inversión en programas de capacitación y reclutamiento especializado.

Existen numerosas historias de éxito que demuestran el potente impacto de las redes neuronales en la industria:

- ⮕ **Mejoras en el sector automotriz.** Compañías líderes han implementado redes neuronales en la producción para detectar defectos en tiempo real, lo cual facilita una rápida toma de decisiones. Por ejemplo, Tesla utiliza redes para ajustar el control de calidad en sus líneas de montaje, reduciendo así el rechazo de piezas no conformes y mejorando la satisfacción del cliente final.

- ⮕ **Optimización en el procesamiento de alimentos.** En el procesamiento de alimentos, las redes neuronales permiten la clasificación avanzada basado en características físicas y químicas detectadas a través de sistemas de cámaras y sensores. Estos sistemas han probado ser efectivos en la clasificación y selección de productos, como en la industria del café, en la que se clasifica automáticamente la calidad y características del grano.

- ⮕ **Sostenibilidad en la gestión de la energía.** Las redes neuronales se emplean para optimizar el uso de energía en plantas industriales, permitiendo reducciones significativas en el consumo de energía y emisiones. En compañías de servicios públicos, se han utilizado para prever la demanda con precisión y adaptar la producción energética en consecuencia, lo que contribuye a una economía circular más sostenible.

La implementación de redes neuronales en procesos industriales está en continuo estado de evolución. Nuevas arquitecturas y avances técnicos prometen **mejorar aún más la precisión y aplicabilidad** de estas herramientas. Se espera un crecimiento significativo en el uso de redes neuronales en **sistemas ciberfísicos,** que integran los mundos físico y digital, lo que impulsará la fábrica del futuro.

Por un lado, la combinación de diferentes modelos de IA y técnicas de *big data* con redes neuronales está emergiendo como una estrategia efectiva para resolver problemas complejos industriales, donde una sola técnica podría no ser suficiente. Estos **modelos híbridos** permiten aumentar la flexibilidad, eficiencia y adaptabilidad de los sistemas automáticos.

Por otra parte, las redes neuronales formarán parte esencial del desarrollo de **sistemas más inteligentes en la IoT,** facilitando una mayor personalización y capacidad de respuesta en los procesos de producción y en la interacción con maquinaria y dispositivos interconectados.

APLICACIÓN PRÁCTICA

Carlos, gerente de producción en una empresa manufacturera, busca implementar sistemas basados en *deep learning* para mejorar el rendimiento de la planta. Su principal objetivo es reducir el tiempo de inactividad no planificado y optimizar la calidad de los productos fabricados. Carlos está considerando varias áreas donde el *deep learning* podría aportar valor, incluyendo mantenimiento predictivo, control de calidad y seguridad en el lugar de trabajo.

¿Cómo el *deep learning* puede contribuir al mantenimiento predictivo en la industria manufacturera?

Solución

El *deep learning* permite implementar sistemas de mantenimiento predictivo altamente eficientes. Utilizando sensores avanzados y redes neuronales profundas, es posible monitorear parámetros clave de las máquinas, como vibraciones, temperatura y presión, para detectar anomalías que puedan preceder a fallos importantes. Esto ayuda a evitar tiempos de inactividad y reduce los costos asociados a reparaciones inesperadas.

Casos exitosos de *deep learning* en la industria

En la actualidad, el *deep learning* se ha convertido en un pilar fundamental dentro de la inteligencia artificial, proporciona soluciones innovadoras para una amplia variedad de problemas en diversas industrias. Este capitulo se centra en explorar casos de éxito en los que la aplicación de técnicas de *deep learning* ha logrado transformar procesos tradicionales, mejora la eficiencia y ofrece ventajas competitivas significativas. Desde la manufactura hasta la salud, la logística y el entretenimiento, cada sector está adoptando estas tecnologías para resolver problemas complejos y optimizar las operaciones.

Uno de los casos más publicitados del empleo de *deep learning* es en el desarrollo de **vehículos autónomos**.

SABÍAS QUE...

Empresas como Tesla, Waymo y Cruise, entre otras, están utilizando redes neuronales profundas para procesar grandes cantidades de datos provenientes de los sensores del vehículo, como cámaras, LIDAR y radares.

Estos vehículos tienen la capacidad de analizar y entender su entorno en tiempo real para tomar decisiones seguras en la carretera. Por ejemplo, los sistemas pueden detectar peatones, ciclistas y otros vehículos, e interpretar las señales de tráfico gracias a **técnicas avanzadas de visión por computadora.** Los modelos de *deep learning* permiten a estos vehículos aprender de vastos trozos de datos sobre la conducción humana, mejorando gradualmente su capacidad de manejar situaciones complejas de tráfico.

Por otro lado, la **industria manufacturera** ha adoptado el *deep learning* para mejorar sus aspectos operativos, especialmente en el área de mantenimiento predictivo. La producción moderna se basa en máquinas y equipos que deben funcionar dentro de ciertos parámetros. Las aplicaciones de *deep learning* son capaces de analizar datos procedentes de sensores integrados y detectar patrones que precedan a una falla mecánica.

EJEMPLO

Siemens, una firma importante en automatización, ha aplicado redes neuronales para predecir fallas en sus sistemas de turbinas de gas. El modelo identifica anomalías en tiempo real, lo cual permite a la empresa reducir costos de mantenimiento, al programar reparaciones antes de que se produzcan fallas graves.

El **sector salud** ha mejorado significativamente sus capacidades diagnósticas con la aplicación del *deep learning*. Redes neuronales convolucionales han sido usadas con éxito para analizar imágenes médicas, como resonancias magnéticas, tomografías computarizadas y radiografías.

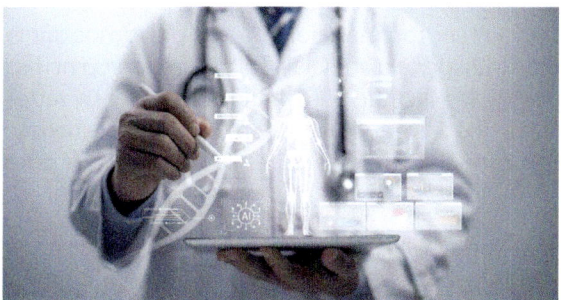

La tecnología de la inteligencia artificial se puede aplicar al diagnóstico médico.

EJEMPLO

En investigaciones realizadas por *Google Health*, estas técnicas han demostrado ser incluso más precisas que médicos humanos en la detección de cáncer de mama en mamografías, incrementando la velocidad y precisión del diagnóstico. Además, en el área de descubrimiento de fármacos, empresas como Atomwise utilizan *deep learning* para analizar estructuras moleculares y predecir interacciones, acelerando el hallazgo de nuevos medicamentos y reduciendo el tiempo y costo de la fase de investigación clínica.

En la **industria logística,** el *deep learning* se ha utilizado para prever la demanda y optimizar rutas de despacho. Algunas empresas, como DHL y UPS, están implementando algoritmos de predicción basados en *deep learning* para optimizar el almacenamiento y la distribución de productos.

EJEMPLO

Amazon, con su amplio sistema logístico, utiliza modelos para predecir elementos como tiempos de entrega, disponibilidades de inventario y planificaciones de rutas, mejorando así la eficiencia y reduciendo los tiempos de entrega. Estos modelos son capaces de aprender de patrones estacionales y económicos, ajustando dinámicamente las operaciones logísticas.

Por otro lado, el **sector financiero** ha sido uno de los primeros en adoptar soluciones de inteligencia artificial, y el *deep learning* no ha sido la excepción. Los bancos y las instituciones financieras utilizan redes neuronales para detectar actividades fraudulentas en tiempo real, analizando transacciones financieras e identificando patrones sospechosos de comportamiento.

 EJEMPLO

JP Morgan y otros gigantes bancarios están usando estas tecnologías para construir modelos de detección temprana que previenen transacciones fraudulentas, protegiendo tanto a la institución como a los clientes. Dado que los patrones fraudulentos evolucionan, estos modelos de *deep learning* pueden adaptarse y actualizarse para incluir y aprender de nuevas amenazas.

La **industria del entretenimiento** utiliza técnicas de *deep learning* para mejorar la experiencia del usuario mediante la personalización de contenidos.

 EJEMPLO

Plataformas como *Netflix*, *Spotify* y *YouTube* dependen de algoritmos de recomendación para sugerir contenido relevante a sus usuarios.

Estos algoritmos utilizan redes neuronales profundas para **predecir las preferencias de los usuarios,** basándose en su historial de visualización y audición, tiempos y frecuencias de interacciones, entre otros factores. Esto no solo mejora las tasas de retención de la audiencia, sino que también maximiza sus experiencias, al proporcionar contenido adaptado a sus gustos específicos.

En el **sector agrícola,** el *deep learning* está ayudando a mejorar la rentabilidad y sostenibilidad de los cultivos a través de la agricultura de precisión. Algunas tecnologías, como los drones y los satélites, están equipados con sensores y cámaras que permiten capturar imágenes de alta resolución, que se analizan para monitorear la salud de los cultivos y prever rendimientos.

 **EJEMPLO**

Algunas empresas, como John Deere, han incorporado recientemente algoritmos de *deep learning* en sus equipos agrícolas para determinar el estado exacto de las plantaciones. Estos sistemas proporcionan alertas tempranas sobre problemas como pestes y enfermedades, permitiendo a los agricultores tomar decisiones informadas y eficientes.

- -

En la **industria del *retail*,** el *deep learning* está revolucionando la forma en que las empresas entienden y se involucran con sus clientes.

 **EJEMPLO**

A través del análisis de datos de comportamiento de compra, algunas compañías, como Zara y Walmart, están utilizando redes neuronales para predecir tendencias de moda y ajustar su inventario en consecuencia. Esto no solo permite mejorar las experiencias del cliente mediante un inventario más preciso, sino que también reduce las pérdidas asociadas al exceso o falta de *stock*.

- -

Además, las tecnologías de **reconocimiento facial,** impulsadas por *deep learning,* están mejorando la seguridad y personalización en tiendas físicas mediante la identificación de clientes recurrentes y la personalización de sus experiencias de compra.

Por otro lado, el *deep learning* ha transformado el **sector publicitario,** al mejorar la segmentación de audiencias y la optimización de campañas.

 **EJEMPLO**

Plataformas como *Facebook* e *Instagram* utilizan sofisticados algoritmos de *deep learning* para analizar el comportamiento del usuario en tiempo real, ajustando dinámicamente quién ve, qué anuncios y en qué momento.

- -

Esto no solo mejora la efectividad de las campañas publicitarias, al dirigirse a audiencias específicas con contenido relevante, sino que también proporciona a las marcas una comprensión más profunda de la eficiencia y alcance de sus estrategias de *marketing*.

El *deep learning* también ha encontrado aplicaciones en el **sector de la construcción,** particularmente en la gestión de proyectos complejos e infraestructura.

 EJEMPLO

Algunas empresas, como SNC-Lavalin, están usando drones equipados con cámaras de alta resolución y modelos de procesamiento de imágenes de *deep learning* para monitorear el progreso de construcciones remotas, identificar áreas de interés o problemas que requieran atención inmediata.

Además, el uso de análisis predictivo permite prever riesgos potenciales en la construcción, como fallas estructurales o demoras debido a factores ambientales, lo que mejora la seguridad y la efectividad del proyecto.

La implementación del *deep learning* en diversas industrias continúa expandiéndose. Cada caso de éxito proporciona una nueva perspectiva sobre cómo estas tecnologías pueden ser adoptadas e integradas para resolver problemas específicos y mejorar procesos. Sin embargo, también plantea desafíos, especialmente en torno a la **ética,** la **privacidad de los datos** y la necesidad continua de mejorar la capacidad de las redes neuronales para explicar sus decisiones. Como tal, mientras avanzamos hacia un futuro dominado por la inteligencia artificial, mantener un equilibrio entre las innovaciones tecnológicas y las implicaciones éticas seguirá siendo crucial para todas las industrias.

 ACTIVIDAD COMPLEMENTARIA

4. Selecciona un artículo o informe reciente que describa un caso exitoso de aplicación de deep learning en la industria. Resume los principales hallazgos

Continúa en página siguiente >>

<< Viene de página anterior

del caso y analiza cómo esta implementación ha transformado los procesos tradicionales, mejorando la eficiencia o generando ventajas competitivas. Concluye reflexionando sobre los desafíos éticos o técnicos que podrían surgir en este contexto.

---

3. Resumen

Las redes neuronales son modelos computacionales inspirados en el cerebro humano. Se caracterizan por:

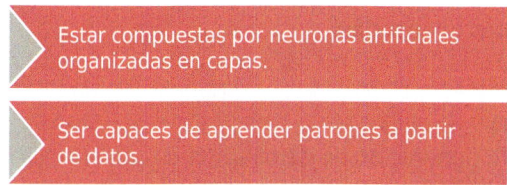

Estar compuestas por neuronas artificiales organizadas en capas.

Ser capaces de aprender patrones a partir de datos.

Su estructura básica consiste en las siguientes capas:

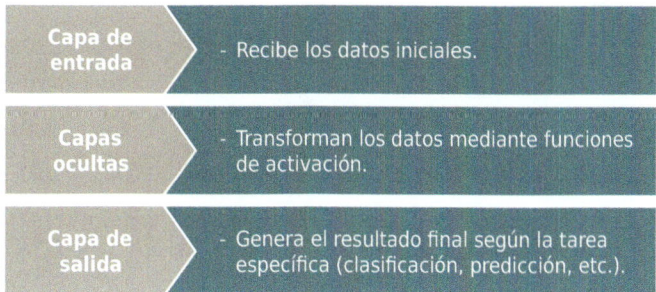

Capa de entrada
- Recibe los datos iniciales.

Capas ocultas
- Transforman los datos mediante funciones de activación.

Capa de salida
- Genera el resultado final según la tarea específica (clasificación, predicción, etc.).

Con respecto al aprendizaje y entrenamiento, se debe considerar:

➲ Uso de algoritmos como la **retropropagación** y **descenso de gradiente** para ajustar los pesos y minimizar errores.
➲ Las **funciones de costo,** que cuantifican la diferencia entre las predicciones y los valores reales.

Los principales tipos de redes neuronales son:

➲ **Redes neuronales *feedforward* (FFNN):**

  ◔ Flujo unidireccional de información.
  ◔ Aplicaciones: reconocimiento de patrones estáticos como imágenes.

➲ **Redes neuronales convolucionales (CNN):**

  ◔ Diseñadas para procesar datos con estructura espacial (imágenes, vídeos).
  ◔ Usos: reconocimiento facial, diagnósticos médicos basados en imágenes.

➲ **Redes neuronales recurrentes (RNN):**

  ◔ Manejan datos secuenciales gracias a su "memoria" interna.
  ◔ Usos: traducción automática, análisis de series temporales.

➲ **Variantes avanzadas:**

  ◔ LSTM y GRU: solucionan problemas de memoria a largo plazo en las RNN.
  ◔ GAN: generación de datos sintéticos (imágenes, audio).
  ◔ *Transformers:* procesamiento eficiente de datos secuenciales en lenguaje natural.

Por último, sus aplicaciones industriales más características son:

Sector financiero
- Detección de fraudes (redes *feedforward* analizan patrones en transacciones para identificar anomalías) y predicción de mercados (procesamiento de datos históricos con RNN).

Salud
- Diagnósticos avanzados con CNN (análisis de imágenes médicas) y predicción de epidemias mediante series temporales.

Automoción y logística
- Vehículos autónomos entrenados con *deep learning* y optimización de rutas y tiempos de entrega.

Continúa en página siguiente >>

<< Viene de página anterior

Marketing y retail
- Personalización de contenido con redes profundas (recomendaciones de productos), optimización de inventarios y análisis de tendencias.

Las redes neuronales son una piedra angular del aprendizaje profundo, transforma sectores industriales con soluciones innovadoras. Su continuo desarrollo promete aplicaciones más precisas, eficientes y adaptables, que marcarán el futuro de la inteligencia artificial en la resolución de problemas complejos.

Ejercicios de autoevaluación
Unidad de Aprendizaje 2

1. **¿Cuál de las siguientes afirmaciones describe correctamente el funcionamiento básico de una red neuronal?**

    a. Las redes neuronales procesan información en ciclos cerrados.
    b. Las redes neuronales simulan el sistema nervioso humano procesando información en capas.
    c. Las redes neuronales son sistemas estáticos que no se adaptan a nuevos datos.
    d. Las redes neuronales siempre producen salidas lineales.

2. **¿Qué componente de una red neuronal permite ajustar la salida de una neurona incluso cuando las entradas son bajas o nulas?**

    a. Función de activación
    b. Sesgo (bias)
    c. Función de costo
    d. Propagación hacia atrás

3. **¿Qué tipo de red neuronal es más adecuada para analizar datos secuenciales, como texto o series temporales?**

    a. Redes convolucionales (CNN)
    b. Redes neuronales *feedforward*
    c. Redes neuronales recurrentes (RNN)
    d. Redes de base radial

4. **¿Qué función tienen las capas ocultas en una red neuronal?**

    a. Transformar las entradas en una forma más útil para la capa de salida.
    b. Almacenar datos de entrenamiento sin procesarlos.
    c. Emitir directamente los resultados de la red.
    d. Proveer entradas iniciales para el modelo.

5. Indica si la siguiente oración es verdadera o falsa: "La retropropagación ajusta los pesos para minimizar el error en las predicciones de
la red".

   ■ Verdadero
   ■ Falso

6. ¿Cuál de las siguientes es una función comúnmente usada en redes
neuronales para manejar problemas de no linealidad?

   a. Función lineal
   b. Sigmoide
   c. Media aritmética
   d. Función constante

7. Una red neuronal convolucional es especialmente útil para:

   a. Procesar secuencias de texto.
   b. Identificar patrones en imágenes.
   c. Resolver ecuaciones diferenciales.
   d. Analizar datos tabulares.

8. La función de activación ReLU *(Rectified Linear Unit)*...

   a. ... permite que todas las neuronas se activen simultáneamente.
   b. ... se usa exclusivamente en redes neuronales recurrentes.
   c. ... activa solo neuronas con valores positivos, reduciendo
      complejidad computacional.
   d. ... no introduce no linealidad en el modelo.

9. ¿Qué función se utiliza comúnmente como medida de pérdida en
tareas de clasificación?

   a. Errores cuadráticos medios (MSE)
   b. Precisión
   c. Entropía cruzada
   d. Media geométrica

10. ¿Qué término se refiere al proceso de ajustar los pesos de las conexiones en una red neuronal para mejorar sus predicciones?

    a. Regularización
    b. Propagación hacia adelante
    c. Entrenamiento
    d. Sobrecarga computacional

Ejercicios prácticos con *Keras / Tensor Flow*

Contenido

Objetivos

El objetivo general de esta Unidad de Aprendizaje es:

→ Aplicar los conceptos obtenidos en ejercicios prácticos utilizando las herramientas *Keras/Tensor Flow*.

Los objetivos específicos de esta Unidad de Aprendizaje son:

→ Aprender a utilizar las herramientas *Keras* y *TensorFlow* en el desarrollo de ejercicios prácticos.

→ Comprender el proceso de diseño y optimización de una red plana en *deep learning*.

→ Estudiar la configuración y entrenamiento de redes convolucionales para tareas específicas.

→ Analizar el funcionamiento de las redes recursivas y su aplicación en el procesamiento secuencial.

→ Identificar estrategias para evaluar y ajustar el rendimiento de modelos de *deep learning*.

→ Explorar cómo el uso de GPU/TPU y técnicas de visión por computadora pueden optimizar procesos en la industria manufacturera, aumentando la precisión y eficiencia.

→ Identificar métricas y métodos adecuados para analizar la eficacia de modelos de aprendizaje automático en contextos industriales específicos.

1. Introducción

El aprendizaje automático y la inteligencia artificial han revolucionado el abordaje de problemas complejos, transformando industrias al permitir decisiones basadas en datos con una precisión sin precedentes. Las redes neuronales son un pilar clave en esta transformación, ofrecen herramientas para emular capacidades cognitivas humanas. Sin embargo, su implementación puede parecer intimidante al inicio, lo que hace esencial el uso de plataformas como *Keras* y *TensorFlow*. Estas herramientas no solo facilitan la creación de modelos avanzados, sino que también permiten optimizar sus resultados en contextos industriales.

Keras se distingue por su enfoque accesible: facilita la experimentación con arquitecturas de aprendizaje profundo. Complementariamente, *TensorFlow* proporciona la infraestructura robusta necesaria para ejecutar operaciones complejas. Juntas, estas tecnologías nos permiten explorar aplicaciones de las redes neuronales planas, convolucionales y recurrentes para resolver problemas específicos con un enfoque práctico y escalable.

Las redes neuronales planas son ideales para casos con un número reducido de características, mientras que las redes convolucionales sobresalen en el análisis de datos visuales, como imágenes, gracias a su capacidad para identificar patrones complejos. Por otro lado, las redes recurrentes resultan esenciales en escenarios en que los datos tienen una estructura secuencial, como la predicción de eventos en series temporales.

El equipo de Soluciones IA S. A. se enfrenta al desafío de entrenar modelos de aprendizaje profundo para optimizar procesos clave. Este enfoque refuerza la conexión entre teoría y práctica. Destaca el potencial de estas herramientas en la creación de soluciones escalables y eficaces en entornos industriales.

2. Observación de ejercicios prácticos con *Keras / TensorFlow*

 **HILO CONDUCTOR**

Tras identificar los tipos de redes neuronales más adecuados para sus operaciones, el equipo técnico de Soluciones IA S. A. comienza a implementar estas

Continúa en página siguiente >>

<< Viene de página anterior

estructuras utilizando las bibliotecas *Keras* y *TensorFlow*. Estas herramientas ofrecen una interfaz intuitiva para construir, entrenar y evaluar modelos de aprendizaje profundo. A través de un ejercicio práctico, la empresa configura una red convolucional para analizar defectos en productos manufacturados y una red recurrente para predecir la demanda de materiales en tiempo real.

Keras y *TensorFlow* son herramientas fundamentales en el desarrollo y entrenamiento de modelos de aprendizaje profundo, diseñadas para abordar la creciente complejidad de los problemas que requieren soluciones basadas en inteligencia artificial. *Keras* es una biblioteca de alto nivel que actúa como una interfaz intuitiva para el diseño de **redes neuronales.** Su estructura modular permite construir modelos con facilidad, organizando capas y nodos que definen cómo los datos fluyen y se procesan dentro de la red. Es compatible con múltiples entornos de *backend.* **TensorFlow,** uno de los más utilizados, ofrece herramientas preconfiguradas que simplifican tareas como el ajuste de hiperparámetros y el diseño de arquitecturas complejas.

TensorFlow, por su parte, es una plataforma de código abierto para el cálculo numérico y el aprendizaje automático, diseñada para trabajar tanto en dispositivos locales como en sistemas distribuidos. Su núcleo se basa en un sistema de **tensores,** que son estructuras multidimensionales capaces de representar datos de alta dimensionalidad. Los tensores fluyen a través de grafos computacionales, donde cada nodo representa una operación matemática. Esta arquitectura permite optimizar procesos computacionales complejos, desde el entrenamiento de modelos hasta su implementación en producción.

Entre los **conceptos teóricos** fundamentales vinculados a estas herramientas destacan los siguientes:

- **Modelo computacional basado en tensores.** *TensorFlow* organiza y procesa los datos a través de operaciones sobre tensores, facilitando el manejo de grandes volúmenes de información en tiempo real.
- **Gradientes y optimización.** Ambos entornos trabajan con algoritmos de optimización, como el descenso de gradiente, que ajustan los pesos de las redes neuronales para minimizar el error durante el entrenamiento.
- **Entornos distribuidos.** *TensorFlow* está diseñado para escalabilidad, permitiendo ejecutar cálculos en GPU, TPU y clústeres de servidores, lo que es crucial para el manejo de modelos complejos.

⊃ **API modulares.** *Keras* proporciona API de alto nivel que encapsulan funcionalidades de *TensorFlow,* como el diseño de capas, el manejo de lotes de datos y las funciones de pérdida, haciendo accesible el diseño de modelos sin necesidad de codificar cada paso desde cero.

La combinación de estas herramientas representa una sinergia entre **accesibilidad y robustez técnica,** haciendo que el aprendizaje profundo sea más accesible para resolver problemas complejos en diversos campos, desde la visión por ordenador hasta el procesamiento de lenguaje natural.

2.1. Definición y optimización de una red plana

En el mundo de las aplicaciones industriales del aprendizaje automático y la inteligencia artificial, las redes neuronales profundas se han convertido en una herramienta fundamental. Estas redes, conocidas por su capacidad de aprender y detectar patrones complejos, han demostrado su eficacia en diversos sectores industriales. En esta sección profundizaremos en la definición y optimización de una red plana, un término que se refiere a una **red neuronal simplificada y plenamente conectada.**

 **DEFINICIÓN**

Red plana
Forma sencilla de red neuronal que generalmente se construye como un modelo de referencia básico o un punto de partida antes de evolucionar hacia arquitecturas más complejas.

Habitualmente, estas redes son completamente **conectadas o densas.** Cada neurona en una capa está conectada a cada neurona en la siguiente capa. Debido a su simplicidad, las redes planas son esenciales para los **principiantes en el aprendizaje de las redes neuronales** y son cruciales para entender cómo los ajustes en la estructura o los parámetros pueden afectar al rendimiento de la red.

La **estructura básica** de una red plana incluye:

Capas de entrada y salida
- Las redes planas comienzan con una capa de entrada que acepta el conjunto de características de los datos. La capa de salida produce la predicción o clasificación final.

Capas ocultas
- A menudo una o más capas ocultas están presentes entre la entrada y la salida, donde ocurre el procesamiento intermedio.

Neuronas con funciones de activación
- Cada neurona aplica una función de activación que introduce no linealidades, ayudando a la red a aprender representaciones complejas. Algunas funciones populares son ReLU, sigmoid y tanh.

Técnicas de optimización y regularización

La **optimización de una red plana** es un paso crucial para aumentar su rendimiento y eficiencia. Este proceso implica ajustar la arquitectura de la red, seleccionar los hiperparámetros adecuados y ajustar el modelo para evitar el sobreajuste y subajuste.

Modificar la arquitectura de una red plana implica **cambiar el número de capas ocultas y la cantidad de neuronas por capa.** Este ajuste es crucial para asegurar que la red sea lo suficientemente compleja para capturar los patrones en los datos sin ser excesivamente redundante. La práctica común es comenzar con una configuración básica y aumentarla gradualmente hasta alcanzar un rendimiento aceptable.

La selección de hiperparámetros adecuadamente configurados es esencial para el éxito de la optimización. Los **hiperparámetros clave** incluyen:

Tasa de aprendizaje
- Este parámetro influye en cuánto los pesos se ajustan en cada iteración del proceso de entrenamiento. Las tasas de aprendizaje altas pueden acelerar el proceso de entrenamiento, pero corren el riesgo de converger a un mínimo no global.

Tamaño del lote
- Afecta cuántas muestras del conjunto de datos se utilizan para calcular el gradiente de una sola iteración de actualización de pesos. Los tamaños de lote más pequeños suelen dar lugar a réplicas más ruidosas, pero más frecuentes al escenario del gradiente descendente estándar.

Épocas de entrenamiento
- Indica cuántas veces se recorre todo el conjunto de datos. Muchas épocas pueden conducir al sobreajuste si no se tiene cuidado.

Imponer técnicas de regularización es vital para prevenir el sobreajuste en redes planas dada su capacidad para memorizar patrones de datos. Algunos **métodos de regularización** incluyen:

Dropout
- Técnica popular que consiste en eliminar aleatoriamente neuronas durante el entrenamiento para evitar el sobreajuste.

L1 y L2 Regularización
- Penalizan los pesos de la red al añadir un coste adicional a la función de pérdida.

Además, la normalización de los datos de entrada es crucial para garantizar que cada característica contribuya de manera significativa y equitativa al proceso de aprendizaje.

Evaluar la eficacia de la red plana después de su entrenamiento es esencial para validar su rendimiento. Los **métodos comunes de evaluación** incluyen:

- **Precisión:** medir qué proporción de las predicciones fue correcta.
- **Matriz de confusión:** proporciona una visión clara de los aciertos y errores de clasificación.
- **Curva ROC y AUC:** útil para evaluar modelos de clasificación y obtener un resumen general de su rendimiento.

ACTIVIDAD COMPLEMENTARIA

5. Diseña una estrategia simple para optimizar una red neuronal y aplicar técnicas de regularización para evitar el sobreajuste en un modelo de predicción de precios de viviendas.

Define:

· El problema que el modelo debe resolver
· Una técnica de optimización
· Una técnica de regularización

Ejemplos de implementación práctica

La creación de un modelo de red plana en **Keras** es directa. El ajuste de los parámetros, como la tasa de aprendizaje, el tamaño del lote y la función de pérdida pueden efectuarse con relativa facilidad. **TensorFlow** potencia estas implementaciones al proporcionar una infraestructura robusta para acelerar el entrenamiento y ejecutar redes neuronales a escala.

Antes de profundizar en la creación de modelos, es esencial entender lo que constituye una **arquitectura de red plana.**

DEFINICIÓN

Redes planas
También conocidas como perceptrones multicapa, consisten en una capa de entrada, una o varias capas ocultas completamente conectadas y una capa de salida. Se caracterizan por su facilidad de implementación y su capacidad para ser entrenadas con rapidez, en comparación con arquitecturas más complejas, como las redes neuronales convolucionales o las redes recurrentes.

La **arquitectura plana** se basa en el hecho de que todas las neuronas de una capa están conectadas a todas las neuronas de la siguiente capa. Esta estructura permite **capturar interacciones complejas entre las variables de entrada.** Sin embargo, la estructura también puede llevar a un aumento en el número de parámetros, lo cual puede ser mitigado mediante técnicas de regularización.

Antes de proceder con la modelización, es imperativo **tener configurado un entorno adecuado** para trabajar con *Keras*. Usualmente, esto implica la instalación de librerías básicas necesarias como *TensorFlow* y *Keras* utilizando **pip.**

Un **ejemplo de instalación rápida** sería:

```
pip install tensorflow
pip install keras
```

Además, se recomienda tener configurado un entorno de desarrollo integrado (IDE) o un entorno de *Jupyter* para facilitar la escritura y ejecución de código. Estos entornos permiten iterar rápidamente sobre modelos y visualizar resultados de entrenamiento en tiempo real.

Vamos a crear un **modelo básico de red plana** para un problema de clasificación simple. A continuación, se detallan los pasos necesarios:

1. **Definición del modelo:** la definición de un modelo en *Keras* es directa gracias a su uso del modelo secuencial. El siguiente código define un modelo simple con una capa de entrada, una capa oculta y una capa de salida:

```
from keras.models import Sequential
from keras.layers import Dense
model = Sequential()
model.add(Dense(12, input_dim=8, activation='relu'))
model.add(Dense(8, activation='relu'))
model.add(Dense(1, activation='sigmoid'))
```

En este ejemplo, 'Dense' define una capa completamente conectada. La primera capa de red tiene 12 neuronas con una función de activación ReLU y acepta una entrada de 8 características.

2. **Compilación del modelo:** la compilación del modelo consiste en especificar el optimizador, la función de pérdida y las métricas de evaluación. Todo esto se define con una llamada a la función 'compile':

```
model.compile(optimizer='adam', loss='binary_crossentropy', metrics=['accuracy'])
```

Aquí, 'adam' es un optimizador de descenso de gradiente que ajusta el aprendizaje según momentos de primer y segundo orden, mientras que la función de pérdida 'binary_crossentropy' es adecuada para problemas de clasificación binaria.

3. **Entrenamiento del modelo:** posteriormente, se entrena el modelo con el conjunto de datos.

```
model.fit(X_train, y_train, epochs=150, batch_size=10)
```

En esta etapa, se define el número de 'epochs' que representa el número de veces que el modelo verá el conjunto completo de entrenamiento, y el 'batch_size' determina cuántas muestras se utilizarán antes de actualizar los parámetros.

4. **Evaluación del modelo:** una vez entrenado, el modelo se evalúa para determinar su rendimiento en conjuntos de datos no observados.

```
loss, accuracy = model.evaluate(X_test, y_test)
print('Accuracy: %.2f' % (accuracy * 100))
```

Esto produce la precisión del modelo, una métrica utilizada para comprender su eficacia en predicciones.

El uso de redes planas como parte de sistemas industriales puede proporcionar **soluciones efectivas** a una variedad de desafíos prácticos. Veamos algunos **ejemplos:**

Detección de fraude
- Un sistema básico de detección de fraude puede emplear una red plana entrenada con datos históricos de transacciones para identificar patrones asociados a actividades fraudulentas.

Diagnóstico médico
- Las redes planas pueden ser empleadas para la clasificación simple de diagnósticos médicos, basado en síntomas y parámetros de laboratorios, y ofrecer resultados rápidos.

Clasificación de documentos
- Para la organización de contenido textual o categorización de temas en bibliotecas virtuales, las redes planas pueden ser implementadas para clasificar texto rápidamente mediante palabras clave o atributos.

En el ámbito del aprendizaje automático y la inteligencia artificial, una de las áreas más críticas, especialmente cuando se trata de trabajar con redes neuronales planas, es el **proceso de optimización.** La optimización, en términos simples, se refiere a la tarea de **ajustar los parámetros de un modelo para minimizar una función de pérdida** y así mejorar el rendimiento del modelo en tareas predictivas.

El éxito de los modelos de red plana, al igual que otras arquitecturas de redes neuronales, depende en gran medida de las **técnicas de optimización** que se empleen. Estas técnicas determinan lo eficiente y rápido el modelo puede encontrar el mejor conjunto de parámetros para resolver un problema específico.

El **método de gradiente descendente** es uno de los algoritmos de optimización más antiguos y conocidos. Su propósito principal es utilizar el gradiente de una función de pérdida para guiar el proceso de ajuste de parámetros. En cada iteración, el algoritmo ajusta los parámetros en la dirección opuesta al gradiente de la función de pérdida, buscando minimizarla.

Uno de los inconvenientes del gradiente descendente estándar es su lentitud, especialmente cuando se trabaja con grandes conjuntos de datos, debido a que evalúa todo el conjunto de datos en cada iteración. Esto puede ser mejorado con sus **variantes:**

Minibatch gradiente descendente	Gradiente descendente estocástico (SGD)
- Esta variante ofrece una combinación entre el proceso por lotes y el estocástico. Divide el conjunto de datos en pequeños *minibatches*, calcula el gradiente y actualiza los parámetros para cada uno de estos subgrupos. Esto permite una convergencia más rápida y un uso eficiente de la memoria.	- En contraste con el método estándar, la versión estocástica actualiza los parámetros del modelo basándose en un solo ejemplo de entrenamiento aleatorio. Esto hace que sea mucho más rápido y especialmente útil para conjuntos de datos grandes. Sin embargo, la alta variabilidad y la falta de estabilidad pueden complicar la convergencia en un mínimo global.

NOTA

Factores como la tasa de aprendizaje y la modificación de esta con el tiempo juegan un rol esencial. Una tasa de aprendizaje adaptativa o una técnica como el decaimiento de la tasa de aprendizaje pueden ser incorporadas para mejorar la estabilidad y convergencia de SGD.

Los **métodos de optimización avanzados** son:

- **Momentum.** Es una técnica que acelera el método de gradiente descendente en la dirección de disminución, suavizando la ruta y ayudando a superar mínimos locales. Funciona incorporando fracciones de actualizaciones pasadas en el cálculo de las actualizaciones actuales.
- **RMSProp.** El método RMSProp se diseñó para lidiar con la variabilidad de la tasa de aprendizaje, ajustándola automáticamente para cada parámetro del modelo. Esto se hace evaluando de manera adaptativa el tamaño de los pasos de actualización basándose en la historia reciente, permitiendo pasos más grandes o pequeños, según sea apropiado.
- **Adam** *(Adaptive Moment Estimation)*. Adam combina las propiedades beneficiosas de RMSProp y Momentum, adaptando la tasa de aprendizaje de cada parámetro y utilizando información de pasos anteriores. Esto proporciona una optimización robusta y rápida. Es uno de los optimizadores más populares para entrenar modelos de redes neuronales en *Keras* y *TensorFlow*.

⮑ **AdaGrad.** AdaGrad ajusta dinámicamente la tasa de aprendizaje de cada parámetro basándose en el historial de actualizaciones pasadas, haciendo que los parámetros con cambios frecuentes tengan una tasa de aprendizaje más pequeña. Es útil en problemáticas de datos dispersos en los que algunas características son muy poco frecuentes en el conjunto de datos.

La **evaluación de modelos en contextos industriales** es un proceso crucial para determinar la efectividad y eficiencia de los modelos de aprendizaje automático (AA) y de inteligencia artificial (IA) implementados en diversas aplicaciones. Este proceso comprende una variedad de métodos y métricas que ayudan a medir cómo de bien se ajustan los modelos a los datos reales y cómo pueden mejorar los procesos industriales.

En la **industria,** la implementación de modelos de AA/IA puede tener un impacto significativo en la optimización de procesos, la reducción de costos, la mejora de la calidad del producto y la satisfacción del cliente. Sin embargo, un modelo que no se evalúa adecuadamente puede llevar a decisiones incorrectas y causar pérdidas económicas, o incluso pone en riesgo operaciones críticas.

Las **métricas de evaluación** son herramientas cuantitativas que nos permiten medir la efectividad de un modelo. Algunas de las principales métricas utilizadas en contextos industriales son:

⮑ **Exactitud** *(accuracy)*. Mide el porcentaje de predicciones correctas realizadas por el modelo sobre el total de casos. Es una métrica útil cuando las clases están balanceadas.
⮑ **Precisión y** *recall*. Especialmente relevantes cuando se trabaja con clases desbalanceadas. La precisión mide cuántos de los positivos predichos son realmente positivos, mientras que el *recall* mide cuántos de los casos positivos reales fueron identificados por el modelo.
⮑ **F1-Score.** Ofrece un balance entre precisión y *recall*. Es particularmente útil en contextos donde se requiere un equilibrio entre ambas métricas.
⮑ **AUC-ROC.** Es una métrica robusta que mide la capacidad de un modelo para distinguir entre clases. Una curva ROC *(Receiver Operating Characteristic)* y su área bajo la curva (AUC) son particularmente útiles cuando se evalúan modelos clasificadores.
⮑ **Matriz de confusión.** Una herramienta visual que proporciona información detallada sobre el rendimiento en cada una de las clases.
⮑ **Errores cuadráticos (MSE, RMSE).** Utilizados principalmente en problemas de regresión, estos miden la diferencia entre los valores predichos por el modelo y los valores reales.

◌ **Coeficiente de determinación (R^2).** Mide la proporción de la varianza en la variable dependiente que es predecible a partir de las variables independientes en problemas de regresión.

Para evaluar un modelo de manera efectiva, es esencial seguir un proceso estandarizado. Este proceso suele involucrar los siguientes **pasos:**

División de datos
- Los datos generalmente se dividen en conjuntos de entrenamiento, validación y prueba. El conjunto de entrenamiento se utiliza para entrenar el modelo, el de validación para ajustar parámetros *(tuning)* y el de prueba para evaluar el rendimiento final.

Validación cruzada
- Un método en el que los datos se dividen en varias partes. El modelo se entrena y valida múltiples veces usando diferentes subconjuntos de datos en cada iteración. Esto asegura que los resultados de la evaluación sean más robustos y generalizables.

Test de hipótesis
- Se utiliza para comparar el rendimiento entre diferentes modelos o configuraciones, e identificar si las diferencias observadas son estadísticamente significativas.

Pruebas en condiciones controladas
- En un entorno industrial, es crucial probar cómo el modelo se comporta en condiciones controladas que simulan el entorno operativo real.

La evaluación de modelos en contextos industriales nos pone ante desafíos únicos, como son los siguientes:

◌ **Datos de calidad inferior o escasos.** Los datos industriales a menudo pueden estar plagados de ruido, tener datos faltantes o ser limitados. Esto requiere técnicas avanzadas de preprocesamiento de datos y procedimientos de evaluación que puedan manejar estas deficiencias.
◌ **Escalabilidad.** Algunos modelos funcionan bien en un entorno de prueba, pero no logran escalar efectivamente en un entorno de producción. La evaluación debe considerar la capacidad de un modelo para manejar grandes volúmenes de datos y operativos sin perder rendimiento.

- **Interpretabilidad y transparencia.** En la industria, a menudo es crucial entender cómo y por qué un modelo toma ciertas decisiones. Modelos complejos como redes neuronales profundas pueden parecer cajas negras, lo que requiere herramientas de interpretabilidad para evaluar correctamente sus decisiones.
- **Costos de implementación y operativos.** La evaluación no solo debe considerar el rendimiento técnico, sino también los costos y recursos necesarios para ejecutar e implementar el modelo en un entorno empresarial.

Con la emergente tecnología en AA/IA, han surgido **herramientas** que ayudan a evaluar modelos en contextos industriales eficientemente. Algunas de las más destacadas incluyen:

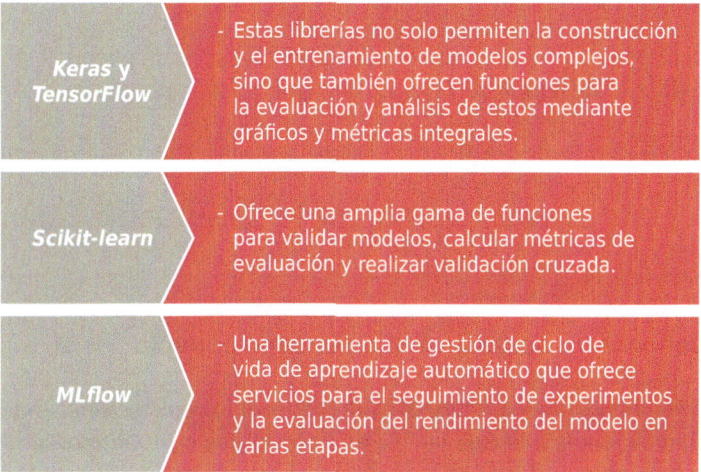

Algunos **ejemplos prácticos de evaluación** en la industria son:

- **Industria automotriz.** Consideremos un modelo de IA para detectar defectos en piezas automotrices. La evaluación más allá de la exactitud puede incluir métricas de *recall* para garantizar que no se escapen defectos críticos y pruebas en líneas de producción piloto para verificar el comportamiento bajo condiciones reales.
- **Sector salud.** En un contexto de diagnóstico médico asistido por IA, por ejemplo, para identificar enfermedades a partir de imágenes, las métricas *F1-score* y AUC-ROC son cruciales para asegurar un equilibrio adecuado entre sensibilidad y especificidad, evaluando cómo el modelo clasifica verdaderamente casos de enfermedades frente a no enfermedades.

⮕ **Manufactura de consumo.** Evaluar un modelo de predicción de demanda en la industria de bienes de consumo requiere métricas de error robustas como MAE y RMSE. El rendimiento del modelo debe validarse con períodos de alta variabilidad de demanda para asegurar que las predicciones sean precisas incluso en entornos complejos.

 **TAREA 5**

En una fábrica de manufactura de bienes de consumo se ha implementado un modelo de aprendizaje automático para predecir la demanda de sus productos. El equipo de datos necesita evaluar el modelo para asegurarse de que sus predicciones son precisas y útiles en un entorno con alta variabilidad de demanda.

Menciona dos métricas que el equipo podría usar para evaluar este modelo de predicción de demanda y explica brevemente su importancia en este contexto.

Propón un método práctico para validar el modelo en un entorno industrial antes de su implementación definitiva.

2.2. Definición y optimización de una red convolucional

En el mundo del aprendizaje automático y las aplicaciones industriales de la inteligencia artificial, las **redes neuronales convolucionales** (CNN, por sus siglas en inglés) han surgido como una de las arquitecturas más impactantes para el procesamiento de datos visuales. Las CNN son un tipo de red neuronal diseñado específicamente para trabajar con datos que tienen un *grid-like topology*, como las imágenes, que están compuestas por píxeles distribuidos en forma de rejilla bidimensional.

Las redes convolucionales se inspiran en la biología, pero funcionan principalmente mediante **operaciones matemáticas complejas.** Las capas convolucionales, el núcleo de estas redes, extraen características de las imágenes transformando y reduciendo la dimensionalidad de los datos, mientras preservan las características importantes. A diferencia de las redes neuronales densas tradicionales, las **CNN aprovechan tres elementos fundamentales**: la convolución, el uso de filtros (también conocidos como *kernels)* y la operación de *pooling.*

- **Operación de convolución.** La convolución es un proceso mediante el cual se aplica un filtro a través de la totalidad de la imagen al desplazar esa matriz (filtro) por la imagen de entrada. A medida que este filtro se desplaza, multiplica y suma los valores con los correspondientes trozos de imagen, produciendo un mapa de características. Estas capas capturan patrones locales y por eso son menos sensibles al ruido a nivel de píxeles.
- **Filtros y *Deep Features*.** Los filtros o *kernels* identifican diversas características como bordes, texturas y otras formas presentes en las imágenes. Cada filtro se especializa en captar un aspecto específico de la entrada y pasa a las capas siguientes la información obtenida. Conforme las redes se vuelven más profundas, aprenden a definir patrones de alto nivel formados mediante la combinación de varios patrones de bajo nivel.
- **Operación de *pooling*.** El *pooling* es un proceso de *down-sampling* que reduce la dimensionalidad de la representación espacial, permitiendo de este modo reducir la cantidad de parámetros o computación en la red. Existen varios tipos de *pooling* como *max pooling* (se selecciona el valor máximo de una región particular) y *average pooling* (se obtiene el promedio de un área de la imagen).

Una red convolucional contiene múltiples capas. Lo habitual es que empiece con una capa de entrada, seguida por capas de convolución, capas de *pooling* y, finalmente, capas completamente conectadas *(fully connected)*. Cada capa tiene una función distinta pero complementaria que propaga información crítica de un lado a otro. Estas **capas** son:

Entrada
- Contiene los datos iniciales, como imágenes o vídeos, preparados y preprocesados para el modelo.

Capas convolucionales y de *pooling*
- Extraen características y reducen la complejidad espacial de los datos.

Capas ReLU *(Rectified Linear Unit)*
- Introducen la no linealidad y ayudan a que la red converja más rápido.

Capas completamente conectadas
- Estas capas son las responsables de interpretar el aprendizaje realizado. Similar a las capas *hidden* en las redes neuronales *feedforward*.

Optimización y ajuste de hiperparámetros

El ajuste correcto de hiperparámetros puede marcar la diferencia entre un modelo aceptable y uno excelente. En el contexto de CNN, los **hiperparámetros más relevantes** incluyen:

- **Tamaño del kernel:** determina cuántos píxeles compromete cada filtro para evaluar una característica de imagen. Un filtro más pequeño captura detalles finos, mientras que uno grande puede generalizar características más amplias.
- **Número de filtros:** aumentar el número de filtros en cada capa permite aprender más características de la entrada, pero también incrementa la complejidad computacional.
- **Tasa de aprendizaje** *(Learning Rate)*: controla cuán rápido o lento el modelo se ajusta a los datos. Una tasa de aprendizaje alta puede converger más rápido, pero corre el riesgo de saltar sobre el mínimo global de la función de error.
- *Batch Size:* determina el número de muestras que serán propagadas a través de la red antes de actualizar los parámetros. Un tamaño pequeño permite ajustes más frecuentes, pero incrementa el tiempo de computación.

Regularizar adecuadamente el modelo ayuda a **prevenir el** *overfitting,* garantizando que el modelo generalice bien en un *set* de datos no explorado. Esto lo hacemos mediante lo siguiente:

Dropout
- Durante el entrenamiento, aleatoriamente se ignoran algunas neuronas en cada capa que force al modelo a aprender múltiples representaciones de los datos.

Data augmentation
- Aumenta el conjunto de datos al aplicar transformaciones. Rotaciones, escalados y cambios de color son ejemplos de cómo manipular las imágenes de entrada para enriquecer la diversidad de características.

Normalización del batch (Batch Normalization)
- Acelera el entrenamiento y mejora la estabilidad del modelo ajustando y escalando la salida de activación de cada capa.

Aplicaciones prácticas e implementación

En el **contexto práctico-industrial,** hacer uso de bibliotecas como *Keras* y *TensorFlow* simplifica el proceso de diseño, implementación y evaluación de redes convolucionales. Estos *frameworks* ofrecen funcionalidades altamente optimizadas para crear y entrenar modelos de *deep learning* con un enfoque de alto nivel, logrando así que empresas y académicos puedan dirigir sus recursos y energías a resolver problemas aplicados en lugar de trabajar con complejidades computacionales de bajo nivel.

Keras, actuando como una **API agnóstica,** se ejecuta sobre *TensorFlow,* facilitando el ensamblaje de diferentes capas y la experimentación iterativa en la optimización de modelo. Las arquitecturas pueden construirse de manera modular añadiendo y puliendo cada capa de la red hasta obtener un diseño que cumpla con los requisitos industriales.

El aprendizaje automático y, en particular, las redes neuronales convolucionales (CNN, por sus siglas en inglés), han revolucionado el campo del **procesamiento de imágenes** y escenarios que requieren **procesos automáticos con alta precisión.**

Al abordar la estructura de una red convolucional en *TensorFlow,* debemos considerar varias capas fundamentales, cada una con un propósito único y crucial en el proceso del aprendizaje de imágenes. Veremos cada una de estas capas, sus funciones y cómo se integran en el marco general de *TensorFlow.*

La **entrada de una red neuronal convolucional** generalmente se organiza en tensores de múltiples dimensiones (en el caso más típico, imágenes 2D con tres canales: RGB). En *TensorFlow,* las entradas pueden especificarse con la función 'Input', que define la forma del tensor que pasará a través de la red. Por ejemplo, para una imagen a color de 64x64 píxeles, la capa de entrada sería:

```
from tensorflow.keras.layers import Input
input_layer = Input(shape=(64, 64, 3))
```

Las **capas convolucionales** son el componente crucial que define la mayoría del trabajo hecho en la red. Estas capas procesan las imágenes a través de filtros o *kernels* que realizan convoluciones para extraer características.

Utilizando *Keras*, una API que viene incluida con *TensorFlow*, podemos definir una capa convolucional de la siguiente manera:

```
from tensorflow.keras.layers import Conv2D
conv_layer = Conv2D(filters=32, kernel_size=(3, 3), activation='relu')(input_layer)
```

Aquí, 32 representa el número de filtros utilizados, y '(3, 3)' es el tamaño del *kernel*. La función de activación ReLU *(Rectified Linear Unit)* es una elección popular por su capacidad de introducir no linealidades y mejorar los modelos, al permitir la descentralización del gradiente durante la retropropagación.

La **normalización por lotes** es una técnica para mejorar la convergencia del modelo y hacer que el entrenamiento sea más rápido y robusto a través de la normalización de las entradas de cada capa a través de cada minilote. En *TensorFlow/Keras* se puede implementar de la siguiente manera:

```
from tensorflow.keras.layers import BatchNormalization
batch_norm_layer = BatchNormalization()(conv_layer)
```

Esta capa asegura que el aprendizaje a través de las redes convolucionales sea más estable y reduce el problema del desvanecimiento o explosión del gradiente.

Las **capas de *pooling*** reducen la dimensionalidad espacial de la salida de la capa convolucional, minimizando así el número de parámetros en la red, lo cual previene sobreajuste. Un ejemplo común es el *max pooling:*

```
from tensorflow.keras.layers import MaxPooling2D
pooling_layer = MaxPooling2D(pool_size=(2, 2))(batch_norm_layer)
```

Este proceso selecciona el máximo valor en un cierto bloque (por ejemplo, de 2x2 píxeles), reduciendo las dimensiones de la entrada, pero manteniendo las características más dominantes.

Las **capas completamente conectadas** *(Fully Connected Layers),* también conocidas como capas densas, están presentes al final de las redes CNN para realizar la clasificación sobre la representación de características encontradas por las capas previas. Se encargan de aprender combinaciones complejas de características:

```
from tensorflow.keras.layers import Dense, Flatten
flatten_layer = Flatten()(pooling_layer)
dense_layer = Dense(units=128, activation='relu')(flatten_layer)
```

La **capa de aplanamiento** *(flatten)* es esencial antes de pasar a una capa densa, ya que las capas convolucionales producen salidas en dimensiones múltiples que deben ser convertidas a un solo vector para ser procesadas por la capa completamente conectada.

Por último, la **capa de salida** decide el resultado final de la evaluación, ajustando la predicción correspondientemente al problema que se aborde, ya sea clasificación binaria, multiclase, etc. Para un problema de clasificación de tres clases, definimos:

```
output_layer = Dense(units=3, activation='softmax')(dense_layer)
```

La función de activación 'softmax' convierte el vector de predicciones en una distribución de probabilidad sobre las clases, otorgando una clara interpretación del resultado del modelo.

Después de establecer la estructura, se define el modelo utilizando la API de *Keras* de *TensorFlow:*

```
from tensorflow.keras.models import Model
model = Model(inputs=input_layer, outputs=output_layer)
model.compile(optimizer='adam', loss='categorical_crossentropy', metrics=['accuracy'])
```

Optimizador, función de pérdida y métricas adecuadas son esenciales para guiar el modelado hacia el objetivo correcto. El optimizador Adam es preferido por su capacidad para adaptarse al estado del error de aprendizaje durante el proceso de entrenamiento.

El siguiente paso es entrenar el modelo:

```
model.fit(training_data, training_labels, epochs=10, batch_size=32, validation_data=(validation_data, validation_labels))
```

Este comando ajusta el modelo a los datos de entrenamiento y evalúa su rendimiento simultáneamente sobre un conjunto de validación para evitar el sobreajuste.

RECUERDA

Una red convolucional en *TensorFlow* está compuesta por varias capas. Cada una desempeña roles fundamentales en el procesamiento y análisis de imágenes. Estas capas, cuando se combinan correctamente, pueden formar modelos robustos y precisos que son eficaces en una amplia gama de aplicaciones industriales. Este es el poder del aprendizaje profundo, una herramienta poderosa que se transforma en manos de aquellos que entienden la esencia de su estructura dentro de un marco de trabajo establecido como *TensorFlow*.

- -

Por otro lado, existen una serie de **técnicas de optimización** diseñadas para mejorar la **eficiencia, precisión y rapidez de las redes convolucionales (CNN)**. Al optimizar estas redes, no solo se mejora su rendimiento en tareas específicas, sino que también se reducen los costos computacionales, tiempo de entrenamiento, y se asegura una mejor generalización.

Los **algoritmos de optimización** son fundamentales en el entrenamiento de redes convolucionales. Ayudan a encontrar los valores óptimos de los parámetros de la red minimizando una función de pérdida. Algunos algoritmos clave incluyen:

- **Descenso de gradiente estocástico (SGD).** Es el algoritmo de optimización más básico. En lugar de calcular el gradiente en el conjunto completo de datos, calcula un gradiente estimado usando un subconjunto aleatorio *(mini-batch)* de datos, lo que permite realizar actualizaciones de los pesos más frecuentemente, incrementando la velocidad de convergencia.
- **Momentum.** Este método acelera el SGD al considerar el promedio exponencial de los gradientes pasados, para evitar oscilaciones y mejorar la dirección de desplazamiento. Podemos pensar en él como una bola rodando por la función de pérdida, acumulando velocidad cuando desciende.
- **RMSprop.** Este es un método adaptativo que ajusta la tasa de aprendizaje para cada parámetro basado en el promedio de los gradientes re-

cientes al cuadrado. Evita las oscilaciones causadas por grandes tasas de aprendizaje y es efectivo en problemas de alta dimensionalidad.

⊃ **Adam** *(Adaptive Moment Estimation).* Combina lo mejor de ambos mundos: ajusta la tasa de aprendizaje de cada peso individualmente al combinar las ventajas del Momentum y RMSprop, adaptándose a las propiedades de los gradientes más recientes de manera efectiva.

La **regularización** es crucial para evitar el sobreajuste y mejorar la capacidad de generalización de una red. Las **técnicas más comunes** son:

Dropout
- Durante el entrenamiento, se dejan fuera de la red algunos nodos aleatoriamente, junto con sus conexiones, lo que fuerza a la red a no volverse dependiente de características particulares y ayuda a prevenir el sobreajuste. Se activa solo durante el entrenamiento y se desactiva en la fase de inferencia.

Regularización L1 y L2
- Involucran la adición de términos de penalización al término de costo original. L1 (suma de los valores absolutos de los pesos) puede llevar a la esparsidad y L2 (suma de los cuadrados de los pesos) previene los pesos demasiado grandes manteniéndolos en niveles más moderados.

Early Stopping
- Monitorea el rendimiento del modelo en un conjunto de validación durante el entrenamiento, deteniéndolo cuando el comportamiento en el conjunto de validación comienza a decrecer, asegurando que no sobrepase el punto de mejor desempeño.

Una técnica poderosa para mejorar el rendimiento de una red convolucional y su capacidad de generalización es la **aumentación de datos,** que implica la creación de ejemplos de entrenamiento adicionales a partir de muestras existentes mediante transformaciones aleatorias. Estas incluyen:

⊃ **Rotación y escalado:** permite que la red sea más robusta a las variaciones en la escala y orientación de los objetos en las imágenes.
⊃ **Traducción:** al mover las imágenes en diferentes direcciones, la red se entrena para identificar objetos que pueden no estar centrados en una posición fija.
⊃ **Cambio de brillo y contraste:** hace que la red pueda lidiar mejor con la iluminación variable.

⊃ **Corte y volteo aleatorio:** modifica la composición de las imágenes aumentando la diversidad del conjunto de entrenamiento.

La **normalización de las entradas** es crítica para disminuir la varianza de las características y entrenar modelos más rápidamente y con mayor precisión. Implica escalar las entradas (por ejemplo, a una media de 0 y desviación estándar de 1) y centrar los datos. De esta manera, se asegura que las neuronas reciban datos consistentes y equilibrados, lo que facilita el aprendizaje.

DEFINICIÓN

Batch Normalization

Introducida para mejorar la eficiencia del entrenamiento, *Batch Normalization* normaliza las salidas de una capa previa aplicando una transformación que centra y escala el activado por minilotes. Además de estabilizar el aprendizaje, también puede actuar como una forma de regularización, permitiendo tasas de aprendizaje más altas y reduciendo la sensibilidad inicialización.

- -

El *transfer learning* o aprendizaje por transferencia explota modelos preentrenados en un conjunto de datos amplio y generalmente diverso (como ImageNet) para transferir ese conocimiento a una nueva tarea relacionada con un conjunto de datos más pequeño o específico. Los aspectos importantes del *transfer learning* son:

Feature Extraction	- Usar la representación aprendida de un modelo preentrenado como extractor de características, congelando sus capas y entrenando solo las capas superiores del nuevo modelo.
Fine-tuning	- Involucra descongelar algunas de las últimas capas de la base preentrenada y volver a entrenarlas conjuntamente con las capas recién añadidas, permitiendo al modelo adaptarse mejor a las especificidades del nuevo conjunto de datos.

Considerar **mejoras arquitectónicas** es otro enfoque para optimizar redes convolucionales:

- ⮞ **Reducción de parámetros con redes profundas móviles.** Diseñar arquitecturas como las redes MobileNet que utilizan capas separables en profundidad, reduciendo significativamente el número de parámetros y operaciones mientras mantienen el rendimiento.
- ⮞ **Redes ResNet y atajos de conexión.** Usar conexiones residuales para permitir caminos de propagación más fáciles para los gradientes, lo que facilita el entrenamiento de modelos más profundos.
- ⮞ *Inception Modules.* Estas son estructuras de arquitectura compleja que combinan múltiples tipos de filtros en la misma capa para capturar diferentes tipos de información dentro de una imagen.

El **ajuste de hiperparámetros** puede ayudar a obtener el máximo rendimiento de las redes convolucionales. Algunos métodos son:

- ⮞ *Search Grid* y *Search Random.* Los métodos más básicos. Consisten en definir manualmente un espacio de búsqueda y probar exhaustivamente o al azar diferentes combinaciones de hiperparámetros.
- ⮞ *Baysian Optimization.* Técnica más avanzada que reduce significativamente el número de evaluaciones del modelo necesarias, explorando el espacio de hiperparámetros de forma más inteligente.
- ⮞ **Algoritmos genéticos.** Inspirados en el principio de la selección natural, estos algoritmos evolucionan conjuntos de hiperparámetros evaluando el desempeño del modelo y generando sucesivas generaciones de combinaciones para encontrar la óptima.

La implementación de técnicas de optimización también puede extenderse al *hardware* mediante el **uso de aceleradores como GPU y TPU**, que son capaces de realizar multiplicaciones de matrices y convoluciones más rápidamente que las CPU estándar. Implementar paralelización de datos y redes distribuidas también puede acelerar de manera significativa el entrenamiento de modelos grandes.

Por otro lado, la **visión por computadora** ha emergido como una tecnología fundamental en la industria moderna, aprovechando las capacidades de análisis de imágenes y vídeos para realizar trabajos que tradicionalmente requerían una intervención manual intensiva. La visión por computadora está transformando diversos sectores industriales, respaldada por técnicas avanzadas de aprendizaje profundo y herramientas del ecosistema *Keras* y *TensorFlow.*

APLICACIÓN PRÁCTICA

Luis, desarrollador en una empresa de análisis de datos, está trabajando en un proyecto para predecir la demanda de productos en una cadena de suministro. Ha decidido utilizar un modelo de red neuronal plana implementado en *Keras* debido a su simplicidad y eficiencia para problemas de regresión. Sin embargo, está evaluando qué técnica de optimización utilizar para garantizar un rendimiento óptimo del modelo en el conjunto de datos de entrenamiento. ¿Cuál de las siguientes afirmaciones describe correctamente el método de optimización conocido como "gradiente descendente estocástico" (SGD)?

- El SGD evalúa toda la función de pérdida utilizando el conjunto completo de datos en cada iteración, lo que lo hace ideal para grandes volúmenes de datos.
- El SGD ajusta los parámetros del modelo utilizando un subconjunto aleatorio de datos en cada iteración, acelerando el proceso de optimización en comparación con el gradiente descendente estándar.
- El SGD utiliza una tasa de aprendizaje fija y no admite técnicas como el decaimiento de la tasa de aprendizaje para mejorar su rendimiento.
- El SGD garantiza la convergencia exacta a un mínimo global, sea cual sea la complejidad del modelo o de los datos.

Solución

El gradiente descendente estocástico (SGD) es una variante del gradiente descendente que utiliza un subconjunto aleatorio de datos *(minibatches)* en cada iteración para calcular el gradiente. Esto lo hace más eficiente y rápido para trabajar con grandes conjuntos de datos, aunque puede introducir más ruido en el proceso de optimización. Técnicas como el decaimiento de la tasa de aprendizaje pueden emplearse para mejorar la estabilidad y la convergencia.

TAREA 6

Una fábrica de productos electrónicos está encontrando defectos en las pantallas de sus dispositivos, lo que está generando devoluciones y afectando la satisfacción del cliente. Actualmente, la inspección de calidad es manual y lenta.

Continúa en página siguiente >>

<< Viene de página anterior

La empresa decide implementar un sistema de visión por ordenador basado en redes neuronales convolucionales (CNN) para identificar defectos en tiempo real. Para optimizar el entrenamiento y la implementación de este sistema, utilizarán aceleradores como GPU/TPU y técnicas de paralelización para manejar grandes volúmenes de datos.

Explica cómo el uso de GPU o TPU puede acelerar el entrenamiento del modelo de visión por ordenador.

Describe cómo el sistema de visión por computadora puede automatizar la inspección de calidad y mejorar la precisión del proceso.

2.3. Definición y optimización de una red recursiva

En el vasto ámbito del aprendizaje automático y la inteligencia artificial, **las redes neuronales recursivas** (RNN, por sus siglas en inglés) ocupan un lugar prominente, debido a su capacidad para procesar secuencias de datos. A diferencia de las redes neuronales tradicionales de tipo *feedforward,* en las que la información fluye en una única dirección desde la entrada hasta la salida, las RNN son diseñadas para manejar datos secuenciales y temporales. Esto se logra mediante bucles internos en su arquitectura, lo que les permite recordar información de entradas previas mientras procesan nuevos datos, ofreciendo a estas redes una "memoria" de corto plazo.

La **estructura de una red neuronal recursiva** consiste en lo siguiente:

- **Arquitectura básica.** En su forma más simple, una red recursiva consiste en una capa de neuronas conectada en ciclos directos. Conforme la red avanza a través de una secuencia de datos, cada capa toma su entrada desde la posición temporal actual y su estado interno anterior. Para visualizar esto, considere una cadena de eventos como el habla: cada palabra pronunciada está influenciada por las palabras anteriores en la oración.
- **Función de activación.** Uno de los componentes clave que permiten a las RNN funcionar eficazmente es la función de activación. Esta puede ser una función sigmoid o tanh que ayuda a restringir las salidas a un rango específico, lo que es crucial para gestionar las fluctuaciones en la memoria temporal de la red.

- **Propagación hacia atrás en el tiempo (BPTT).** Una técnica central en el entrenamiento de RNN es la propagación hacia atrás a través del tiempo. A diferencia de la retropropagación utilizada en las redes *feedforward*, en la que el error se propaga hacia atrás por todas las capas de la red, BPTT envía señales de error temporalmente atrás, a través de la iteración de la memoria hacia el tiempo cero.
- **Problema del desvanecimiento y explosión de gradientes.** Durante la etapa de entrenamiento, las RNN son susceptibles al desvanecimiento y explosión de gradientes debido a la multiplicación reiterada de las matrices de peso. Esto puede resultar en que los gradientes se hagan extremadamente pequeños, llevando las actualizaciones de peso hacia el cero, o se hagan extremadamente grandes, saturando y desestabilizando la red.

Las **variaciones de las redes neuronales recursivas** se desarrollaron para contrarrestar algunas de sus limitaciones inherentes:

- ***Long Short-Term Memory* (LSTM).** Introducida por Hochreiter y Schmidhuber en 1997, las LSTM han demostrado ser sumamente efectivas para manejar problemas de desplome o explosión de gradientes. Utilizan una estructura compleja de células, puertas de entrada, olvido y salida para regular el flujo de información. Esto les permite mantener el contexto por períodos de tiempo más largos que las RNN estándar.
- ***Gated Recurrent Units* (GRU).** Las GRU son una simplificación de LSTM, introducidas por Cho et al. en 2014. Utilizan puertas combinadas de actualización y reseteo para alcanzar una eficiencia computacional mejorada sin una pérdida significativa en precisión. Han ganado popularidad debido a su estructura más sencilla y rendimiento robusto.
- **Bidirectional RNN.** Estas redes están diseñadas para procesar información tanto en la dirección de tiempo hacia adelante como hacia atrás simultáneamente. Esto permite a la red tener tanto información pasada como futura al momento de tomar una decisión en cualquier etapa temporal específica.

Las capacidades únicas de las RNN las hacen ideales para diversas **aplicaciones en la industria:**

- **Procesamiento de lenguaje natural (NLP).** Las RNN son ampliamente implementadas para tareas como traducción automática, generación de texto y análisis de sentimiento. Tienen la capacidad de capturar dependencias lingüísticas a través de largas secuencias, con lo que mejoran la comprensión y producción de lenguaje humano por parte de máquinas.
- **Reconocimiento de voz y síntesis.** La habilidad de una RNN para recordar patrones secuenciales del habla les permite ser vitales en sistemas

de reconocimiento de voz, donde identifican y transcriben palabras en una conversación hablada.

⮕ **Series temporales y predicciones financieras.** En los mercados financieros, las RNN se utilizan para predecir valores futuros basados en series temporales de datos pasados, con lo cual mejoran las estrategias de trading automático.

Optimizar una RNN implica mejorar su rendimiento, así como su eficacia de ejecución. Aquí se destacan varias **técnicas y estrategias:**

⮕ **Regularización.** Para reducir el sobreajuste, la regularización (como el *dropout)* puede dar lugar a una mejor generalización. En el contexto de RNN, R. Wan et al. introdujeron el *"dropout* en capas recursivas", una técnica que aplica *dropout* directamente en salidas o estados ocultos de la red.

⮕ **Sintonización de hiperparámetros.** La optimización de hiperparámetros, como la tasa de aprendizaje y el tamaño de la red, puede mejorar considerablemente el rendimiento. Métodos como búsquedas aleatorias y por cuadrículas, así como configuraciones automatizadas con algoritmos evolutivos y redes neuronales, abordan este problema con eficiencia.

⮕ **Optimización de gradientes.** Optimizadores avanzados como RMSprop y Adam son empleados para mejorar la estabilidad y convergencia del gradiente, especialmente en arquitecturas profundas y complejas.

⮕ **Entrenamiento distribuido.** Implementar el entrenamiento distribuido puede acortar significativamente el tiempo de aprendizaje mediante el uso paralelo de múltiples GPU u otras unidades de procesamiento, esencial para *datasets* de gran escala.

A pesar de sus innumerables beneficios, las RNN presentan **desafíos** que persisten en la práctica:

Largos horizontes de dependencia
- Aunque LSTM y GRU han superado parcialmente las limitaciones de RNN básicas, seguir ampliando el rango temporal manejable por estas redes sigue siendo un área activa de investigación.

Dificultad en interpretabilidad
- Las RNN siguen siendo relativamente "cajas negras", lo que dificulta la interpretación de su proceso de decisión.

A la vista de estos desafíos, hay un esfuerzo continuo por idear nuevas arquitecturas e integraciones, como el uso de *transformers* y **redes neuronales de atención,** que ofrecen mejoras potenciales en rendimiento y capacidad de procesamiento secuencial, redefiniendo el futuro de las redes recursivas en el campo del aprendizaje automático.

 **DEFINICIÓN**

Redes neuronales recurrentes (RNN)

Son un tipo particular de redes diseñado para procesar secuencias de datos. A diferencia de las redes *feedforward*, que asumen que las observaciones son independientes entre sí, las RNN aprovechan las dependencias entre los datos, reteniendo información a través de sus bucles internos de retroalimentación. Este mecanismo les permite actuar eficazmente sobre datos secuenciales como serie de tiempos, texto, audio y vídeos.

Las RNN son especialmente útiles en **tareas en que el contexto o el estado anterior importan,** tales como la predicción de la próxima palabra en una oración, el reconocimiento de patrones en series temporales y las generaciones textuales o musicales.

El componente esencial de una RNN es su capacidad para procesar secuencias de datos a través de su **estado oculto.** Cada paso en una secuencia de entrada actualiza el estado oculto, permitiendo que la información desde el pasado influyente desde el presente.

Mientras que las **RNN clásicas** son capaces de aprender dependencias a corto plazo, encuentran dificultades para capturar dependencias a largo plazo, debido a los problemas del gradiente que se disipa o explota durante el proceso de entrenamiento. Esto limita en gran medida su aplicabilidad en tareas más complejas de reconocimiento de secuencias. Para solventar este inconveniente, se diseñaron **variantes más avanzadas,** como las **LSTM** (*Long Short-Term Memory*) y las **GRU** (*Gated Recurrent Units*):

⮑ **LSTM:** las LSTM introdujeron un nuevo enfoque, al modificar la arquitectura básica de las RNN e incorporar un mecanismo de compuertas (*gates*) que controlan el flujo de información en y fuera de una celda. Esta estructura mejora notablemente la capacidad de la red para aprender dependencias a largo plazo. Los componentes clave de LSTM son: compuerta de olvido (decide qué información eliminar o conservar), compuerta de entrada (determina cuál información nueva debe introducirse en la celda) y compuerta de salida (define qué parte del estado de celda debe ser utilizad en la salida).

◯ **GRU:** las GRU son una versión simplificada de las LSTM que utilizan compuertas similares pero con una estructura más simplificada que las hace más rápidas en el entrenamiento.

Ambas arquitecturas han demostrado su eficacia en problemas de secuencia y están disponibles en la biblioteca *Keras. Keras* ofrece una **abstracción de alto nivel** que **simplifica significativamente la creación de redes recurrentes.** Esto se hace a través de sus capas preconstruidas como `SimpleRN', 'LSTM', y 'GRU'.

Los **pasos para diseñar una red recurrente con *Keras*** son los siguientes:

1. **Preparación de datos:** preproceso de datos para convertirlos en un formato que pueda alimentar a las RNN, como la normalización y la transformación de series temporales en secuencias. Para texto, esto incluye tokenización y *padding*.
2. **Construcción del modelo:**

```
from keras.models import Sequential
from keras.layers import LSTM, Dense, Embedding
model = Sequential()
model.add(Embedding(input_dim, output_dim, input_length=max_sequence_length))
model.add(LSTM(units=100, activation='tanh', recurrent_activation='sigmoid'))
model.add(Dense(output_dim, activation='softmax'))
```

3. **Compilación del modelo:**
   Utiliza el método 'compile' para configurar el proceso de aprendizaje, especificando el optimizador, la función de pérdida y las métricas de evaluación.

```
model.compile(optimizer='adam', loss='categorical_crossentropy', metrics=['accuracy'])
```

4. **Entrenamiento del modelo:**
   Emplea el método 'fit' para entrenar la RNN en los datos.

```
model.fit(X_train, y_train, epochs=20, batch_size=64, validation_data=(X_val, y_val))
```

5. **Evaluación del modelo:**
   Posterior al entrenamiento, evalúa el rendimiento de la RNN en un conjunto de datos de prueba para verificar su capacidad de generalización.

```
score = model.evaluate(X_test, y_test)
```

Aplicaciones prácticas y ejemplos

Consideremos el problema de predecir los precios de las acciones utilizando una LSTM. Preprocesamos los datos de la serie temporal para transformarlos en una forma que pueda entender una RNN.

1. **Preprocesamiento:**

```
from sklearn.preprocessing import MinMaxScaler
scaler = MinMaxScaler(feature_range=(0, 1))
scaled_data = scaler.fit_transform(stock_data)
```

2. **Diseño del modelo:**

```
X_train, y_train = create_sequences(scaled_data)
model = Sequential()
model.add(LSTM(units=50, return_sequences=True, input_shape=(X_train.shape[1], 1)))
model.add(LSTM(units=50))
model.add(Dense(1))
model.compile(optimizer='adam', loss='mean_squared_error')
```

3. **Entrenamiento:**

```
model.fit(X_train, y_train, epochs=100, batch_size=32)
```

4. **Visualización:**
   Finalmente, visualiza los resultados para comparar las predicciones con los datos reales y evaluar el éxito del modelo.

Entrenamiento y optimización

El entrenamiento de redes recurrentes comparte fundamentos con el de las redes neuronales *feedforward,* pero también presenta desafíos únicos, debido a la naturaleza secuencial y dependiente del tiempo de los datos que manejan. Uno de los problemas más conocidos en el entrenamiento de RNN es **la desaparición y explosión del gradiente.** En redes recurrentes profundas, los gradientes calculados durante la retropropagación pueden decrecer exponencialmente (desaparición) o crecer exponencialmente (explosión) con respecto a las capas antes y después de cierto punto de la secuencia temporal. Este problema limita la capacidad de las RNN para aprender dependencias a largo plazo.

Para mitigar estos problemas, se utilizan **unidades de memoria** como las *Long Short-Term Memory* (LSTM) y las *Gated Recurrent Units* (GRU), que incluyen mecanismos de puertas para controlar el flujo de información. Además, técnicas de *clipping* de gradiente son fundamentales para prevenir que las actualizaciones de peso se vuelvan inestables debido a gradientes excesivamente grandes.

El **proceso de optimización en redes recurrentes** se ocupa de ajustar los pesos de la red utilizando algoritmos de gradiente. *Keras* ofrece una gama de optimizadores que se pueden aplicar:

SGD *(Stochastic Gradient Descent)*
- Aunque es simple y efectivo, el SGD puro puede converger lentamente o atascarse en mínimos locales. Al ajustar el *learning rate* y agregar Momentum, puede comportarse mejor.

Adam *(Adaptive Moment Estimation)*
- Uno de los optimizadores más populares por su capacidad para adaptarse a diferentes problemas de aprendizaje. Adam adapta los *learning rates* de los pesos individuales durante el entrenamiento, lo que es muy útil para las complejidades que presentan las RNN.

RMSprop
- Similar a Adam, RMSprop se ajusta automáticamente al *learning rate* a cada peso según su variabilidad. Es especialmente útil en escenarios en los que la función de costo presenta oscilaciones.

Optimizar el proceso de entrenamiento requiere **ajustes cuidadosos de los hiperparámetros** como el *learning rate,* el tamaño del *batch.* Principalmente se centra en minimizar la función de costo diseñada para la tarea específica.

La **selección de una función de pérdida** adecuada depende del tipo de tarea que la red recurrente esté diseñada para manejar:

- **Regresión de series temporales.** Si se predicen valores numéricos continuos, es común utilizar el error cuadrático medio (MSE) como función de pérdida.
- **Clasificación de secuencias.** Para tareas de clasificación, en las que la salida es una clase específica dentro de la secuencia temporal, se suele usar la entropía cruzada categórica.
- **Problemas multietiqueta.** En casos en que las secuencias pueden pertenecer a múltiples categorías simultáneamente, se utiliza la entropía cruzada binaria.

Estas funciones de pérdida, junto con las métricas de evaluación, permiten al modelo recurrente medir su desempeño y ajustar sus parámetros en consecuencia.

Las **técnicas de regularización** son simplificaciones de los modelos con el objetivo de mejorar su capacidad de generalización al prevenir el sobreajuste:

Dropout
- Una técnica popular en redes *feedforward,* pero con adaptaciones en las RNN que requieren el *film* de *dropout* en las conexiones recurrentes para mantener la coherencia temporal. *Dropout* en RNN se implementa generalmente en las capas de salida o entre las capas recurrentes no adyacentes.

Regularización L1 y L2
- Involucran agregar términos de penalización al total de la función de pérdida que incentivan que los pesos sean pequeños, distribuidos o incluso que fomentan la esparsidad en los pesos mediante la norma L1.

Entrenar redes recurrentes efectivamente también implica **manejar el estado interno y preservar las dependencias temporales.** Un enfoque viable para esto implica el uso de *encoders* y *decoders* en arquitecturas más complejas, como las secuencias *encoder-decoder.* Con tales estructuras se capturan dependencias a largo plazo. Las secuencias se manipulan de modo que permiten la transferencia de conocimiento desde el *input* hasta la *output* deseada.

IMPORTANTE

Es vital adoptar estrategias para restablecer el estado de la red en secuencias subsecuentes, especialmente cuando se realizan predicciones en lotes y el tamaño del *batch* no cierra las secuencias completamente. Aprovechando el estado, los modelos pueden evitar olvidar información relevante a medida que las secuencias temporalmente avanzan.

- -

Por otro lado, las **predicciones de series temporales industriales** han cobrado una importancia excepcionalmente vital en el contexto de un mundo cada vez más interconectado y digitalizado. Desde el monitoreo y el control de procesos productivos hasta la anticipación de la demanda energética, las aplicaciones de las series temporales en la industria abarcan un amplio espectro de necesidades tecnológicas y operativas.

La comprensión profunda de **patrones en las series temporales industriales** es crucial, ya que los datos a menudo son generados de manera continua por sensores y sistemas de monitoreo integrados en máquinas, líneas de producción y otras infraestructuras. La correcta predicción del comportamiento futuro puede aportar beneficios significativos en términos de **eficiencia operativa, reducción de costos y optimización de recursos.**

La naturaleza multivariada de los datos industriales requiere **métodos que puedan captar interdependencias complejas.** Además, las discontinuidades, estacionalidades y tendencias que se manifiestan en estas series deben ser adecuadamente consideradas, ya que no hacerlo puede llevar a predicciones inexactas y, por lo tanto, a decisiones menos buenas.

Las **redes neuronales recurrentes** (RNN) y las *Long Short-Term Memory* (LSTM) se han convertido en herramientas fundamentales para el procesamiento de series temporales. Estas arquitecturas son especialmente útiles para **manejar datos secuenciales,** porque pueden retener información a lo largo del tiempo en sus estados ocultos, lo que es crucial cuando se observa un flujo continuo de datos como el que se encuentra en aplicaciones industriales.

👁 EJEMPLO

Un modelo LSTM bien entrenado con *Keras* puede, por ejemplo, predecir la frecuencia de fallas en una línea de producción analizando datos históricos de operación de la maquinaria. También pueden utilizarse para ajustar las operaciones de mantenimiento prediciendo cuándo una máquina en particular podría comenzar a mostrar signos de desgaste antes de que ocurra un fallo.

- -

El desarrollo de un buen modelo LSTM requiere comprender el contexto y decidir meticulosamente cuál es la configuración adecuada para el problema en cuestión. Además de la estructuración de la red, los parámetros de hiperajuste como **el tamaño de la celda y la tasa de aprendizaje** deben ser seleccionados con cuidado para optimizar el rendimiento predictivo del modelo.

Además de las RNN, las redes neuronales convolucionales han demostrado ser eficaces en el procesamiento de series temporales industriales, especialmente cuando se combinan con técnicas recurrentes en modelos híbridos. Las **CNN** inicialmente fueron concebidas para el procesamiento de imágenes, pero su capacidad para captar características espaciales ha sido reutilizada para **identificar patrones locales en datos secuenciales.**

👁 EJEMPLO

Implementar CNN, solas o con LSTM, puede ser valioso en industrias que manejan datos por lotes. Por ejemplo, en un segmento de energía, estas arquitecturas pueden analizar patrones de consumo a micronivel, como los datos de uso de energía en intervalos de minutos u horas para optimizar la distribución energética y mejorar la eficiencia del suministro.

- -

APLICACIÓN PRÁCTICA

En el análisis de series temporales industriales, las arquitecturas de redes neuronales como las RNN y las LSTM son esenciales, debido a

Continúa en página siguiente >>

<< Viene de página anterior

su capacidad para retener información a lo largo del tiempo. Esto es especialmente relevante para datos generados de manera continua por sensores y sistemas de monitoreo. Además, la incorporación de técnicas como *encoder-decoder* y el manejo del estado interno de las redes permite capturar dependencias a largo plazo y realizar predicciones precisas, incluso en lotes incompletos. ¿Cuál es una ventaja clave del uso de redes LSTM en el análisis de series temporales industriales?

Solución

Las LSTM permiten retener información relevante a lo largo del tiempo, lo que es crucial para manejar dependencias temporales en series industriales.

La capacidad de las LSTM para retener información en su estado oculto las hace ideales para manejar dependencias temporales en series temporales industriales, en las que es fundamental comprender patrones a largo plazo en datos continuos.

 ## ACTIVIDAD COMPLEMENTARIA

6. Diseña una solución hipotética que utilice redes neuronales recurrentes (RNN) o *Long Short-Term Memory* (LSTM) para resolver un problema relacionado con series temporales en un contexto industrial. Describe:

   · El problema que buscan resolver (por ejemplo, predicción de fallos en maquinaria o gestión de inventarios en tiempo real).
   · Cómo se procesarán los datos secuenciales (origen de los datos y frecuencia).
   · El impacto esperado en la eficiencia operativa o en la toma de decisiones.

----

3. Resumen

Keras es una biblioteca de alto nivel, ideal para principiantes en *deep learning.* Permite construir modelos de forma modular y sencilla.

TensorFlow es una plataforma de código abierto robusta para cálculos numéricos y aprendizaje automático. Ideal para escalabilidad y rendimiento.

Keras facilita el diseño de redes mientras que *TensorFlow* proporciona la infraestructura para ejecutar operaciones complejas.

Las principales redes neuronales y sus aplicaciones son:

Redes neuronales planas
- Útiles para problemas con pocos datos y características básicas
- Implementación simple mediante capas densas conectadas
- Ejemplo práctico: predicción de la demanda de productos en cadenas de suministro

Redes convolucionales (CNN)
- Especializadas en procesamiento de imágenes
- Componentes principales: capas de convolución, *pooling* y densas
- Ejemplo práctico: inspección automática de calidad en líneas de ensamblaje industrial

Redes recurrentes (RNN)
- Procesamiento de datos secuenciales, como texto, audio o series temporales
- Variantes avanzadas: LSTM y GRU, que manejan dependencias a largo plazo
- Ejemplo práctico: predicción de fallas en maquinaria analizando datos históricos de sensores

Para la optimización de redes neuronales se considera lo siguiente:

⮵ **Hiperparámetros clave:**

  ◑ Tasa de aprendizaje
  ◑ Número de capas y neuronas
  ◑ Tamaño del lote *(batch size)*

⮵ **Regularización:**

  ◑ Métodos como *dropout* y normalización para prevenir el sobreajuste

⮵ **Optimización:**

  ◑ Algoritmos como Adam y RMSprop para acelerar la convergencia

⊃ Uso de *hardware:*

◑ GPU y TPU: reducen el tiempo de entrenamiento mediante procesamiento paralelo.

Algunas consideraciones sobre la visión por computadora son:

Tecnologías clave en industrial modernas	Aplicaciones destacadas
	- Control de calidad: detecta defectos en productos. - Automatización: robots con "visión" para ensamblar piezas o gestionar inventarios. - Monitorización agrícola: drones analizan cultivos para optimizar fertilización y riego.

La combinación de **Keras** y **TensorFlow** ofrece un enfoque accesible y eficiente para implementar modelos de ***deep learning*** en la resolución de problemas complejos. Estas herramientas, junto con el uso de GPU/TPU y técnicas avanzadas, potencian aplicaciones prácticas en diversas industrias, con lo que se aumenta la precisión, se reducen costos y se mejora la eficiencia operativa.

Ejercicios de autoevaluación
Unidad de Aprendizaje 3

1. **¿Qué herramientas se utilizan comúnmente para crear y entrenar modelos de aprendizaje profundo según la unidad?**

    a. *NumPy* y *Matplotlib*
    b. *Keras* y *TensorFlow*
    c. *Excel* y *SQL*
    d. *PyTorch* y *SAS*

2. **¿Qué tipo de redes neuronales son ideales para analizar imágenes en procesos industriales?**

    a. Redes planas
    b. Redes convolucionales (CNN)
    c. Redes recurrentes (RNN)
    d. Redes de Hopfield

3. **¿Cuál es el objetivo principal de las redes recurrentes (RNN)?**

    a. Procesar datos estructurados en tablas relacionales.
    b. Analizar datos secuenciales y temporales.
    c. Detectar defectos en imágenes.
    d. Realizar cálculos matemáticos básicos.

4. **¿Qué técnica de optimización es más utilizada para minimizar funciones de pérdida en redes neuronales?**

    a. Gradiente descendente estocástico (SGD)
    b. Aumento de datos
    c. Normalización por lotes
    d. Escaneo corporal

5. ***Keras* actúa como una biblioteca de alto nivel que facilita...**

    a. ... la construcción de gráficos de tensores.
    b. ... el diseño modular de redes neuronales.
    c. ... la creación de bases de datos relacionales.
    d. ... el procesamiento de datos tabulares.

6. **¿Qué ventaja ofrecen las GPU y las TPU al entrenar modelos de aprendizaje profundo?**

    a. Reducen el uso de memoria durante la predicción.
    b. Mejoran la calidad de los datos de entrada.
    c. Permiten el procesamiento paralelo para acelerar el entrenamiento.
    d. Sustituyen la necesidad de optimizadores en el modelo.

7. **¿Cuál es el propósito principal del método de regularización conocido como *dropout*?**

    a. Incrementar la complejidad del modelo.
    b. Prevenir el sobreajuste durante el entrenamiento.
    c. Reducir el tiempo de entrenamiento.
    d. Aumentar el número de parámetros en la red.

8. **¿Cómo mejora la normalización por lotes *(batch normalization)* el entrenamiento de redes neuronales?**

    a. Aumentando el tamaño de las capas ocultas.
    b. Ajustando las tasas de aprendizaje automáticamente.
    c. Estabilizando las salidas de las capas para acelerar la convergencia.
    d. Reduciendo la dimensionalidad de los datos de entrada.

9. **Indica si la siguiente oración es verdadera o falsa: "Las redes planas son especialmente útiles en problemas con un número reducido de características".**

    ■ Verdadero
    ■ Falso

10. **¿Qué métrica se utiliza comúnmente para evaluar el rendimiento de un modelo de clasificación binaria en *Keras*?**

    a. Entropía cruzada
    b. Precisión
    c. Pérdida logarítmica
    d. Varianza explicada

Glosario

Algoritmo
Conjunto de instrucciones definidas que un sistema sigue para resolver problemas o realizar tareas específicas.

Aprendizaje automático *(machine learning)*
Subcampo de la inteligencia artificial que utiliza algoritmos para que los sistemas aprendan de datos y mejoren su desempeño sin programación explícita.

Aprendizaje no supervisado
MÉtodo en el cual el modelo intenta identificar patrones y relaciones en datos no etiquetados.

Aprendizaje por refuerzo
Tipo de aprendizaje en el que un agente aprende a tomar decisiones optimizando recompensas a lo largo del tiempo.

Aprendizaje supervisado
Tipo de aprendizaje automático en que el modelo se entrena con datos etiquetados, es decir, conjuntos de entrada y salida conocidos.

Big data
Volumen masivo de datos que requieren tecnologías y técnicas avanzadas para almacenarse, procesarse y analizarse eficientemente.

Clasificación
Tarea en el aprendizaje supervisado que asigna categorías a datos de entrada.

Deep learning
Subcampo del aprendizaje automático que utiliza redes neuronales profundas con múltiples capas para aprender patrones complejos.

Función de activación

Función matemática utilizada en redes neuronales para introducir no linealidad y permitir que el modelo aprenda representaciones más complejas.

Función de pérdida

Métrica que cuantifica la diferencia entre las predicciones del modelo y los valores reales durante el entrenamiento.

Inteligencia artificial (IA)

Campo de la informática que desarrolla sistemas capaces de realizar tareas que requieren inteligencia humana, como reconocimiento de voz, análisis de imágenes y toma de decisiones.

Keras

Biblioteca de código abierto que proporciona una interfaz sencilla para construir y entrenar redes neuronales, basada en *TensorFlow*. Es ideal para prototipos rápidos.

Machine learning ops (ML ops)

Conjunto de prácticas para integrar *machine learning* en el desarrollo de *software* y las operaciones de producción.

Modelo predictivo

Representación matemática o estadística que utiliza datos de entrada para predecir resultados futuros.

Optimización de modelos

Proceso de ajustar los hiperparámetros de un modelo para mejorar su precisión y rendimiento.

Red convolucional (CNN)

Tipo de red neuronal diseñada para analizar datos con estructura de grilla, como imágenes.

Red neuronal recurrente (RNN)

Arquitectura de red neuronal diseñada para trabajar con datos secuenciales, como texto o series temporales.

Red neuronal

Modelo inspirado en el cerebro humano, compuesto por nodos (neuronas) interconectados en capas que procesan información y aprenden patrones.

Red plana

Modelo básico de red neuronal con una estructura sencilla: una capa de entrada, una o varias capas ocultas y una capa de salida.

Regresión
Tarea en el aprendizaje supervisado que predice valores continuos basados en datos de entrada.

TensorFlow
Framework de código abierto desarrollado por *Google* para construir y entrenar modelos de aprendizaje automático y *deep learning*.

Tipología de redes neuronales
Clasificación de redes neuronales según su arquitectura y propósito: redes convolucionales, recurrentes y profundas, entre otras.

Visión por computadora
Área de la inteligencia artificial que permite a las máquinas interpretar y procesar imágenes del mundo real.

Bibliografía

Monografías

→ BERZAL, F.: *Redes neuronales y deep learning.* Madrid: Independently Published Editorial, 2018.

> Este libro presenta el origen, la motivación, la inspiración, la evolución y las aplicaciones de las redes neuronales artificiales. Es una guía completa que aborda desde los conceptos básicos hasta técnicas avanzadas de *deep learning.* Proporciona ejemplos prácticos y casos de estudio que facilitan la comprensión y aplicación de estos modelos en diversos problemas.

→ RUSSEL, S. y NORVIG, P.: *Inteligencia artificial: un enfoque moderno.* Madrid: Grupo Anaya Publicaciones Generales, 2004.

> Este libro es considerado una referencia fundamental en el campo de la inteligencia artificial. Ofrece una visión exhaustiva que abarca desde los fundamentos teóricos hasta las aplicaciones prácticas de la IA, incluyendo algoritmos de búsqueda, razonamiento lógico, aprendizaje automático y redes neuronales.

Textos electrónicos, bases de datos y programas informáticos

→ ¿Qué es *deep learning* y qué es una red neuronal?, de: <https://datademia.es/blog/que-es-deep-learning-y-que-es-una-red-neuronal#:~:text=Deep%20learning%20o%20aprendizaje%20profundo,predicciones%20con%20una%20gran%20precisi%C3%B3n>.

> Este artículo diferencia entre aprendizaje profundo y redes neuronales, detallando cómo las redes profundas permiten a las máquinas imitar el cerebro humano para realizar predicciones precisas.

→ ¿Qué es el *machine learning?*, de:
<https://www.oracle.com/es/artificial-intelligence/machine-learning/what-is-machine-learning/#:~:text=El%20aprendizaje%20autom%C3%A1tico%20(ML)%20es,que%20imitan%20la%20inteligencia%20humana>.

> Este artículo explica los fundamentos del aprendizaje automático, sus diferentes tipos y cómo las máquinas utilizan algoritmos para aprender de los datos y mejorar su desempeño en tareas específicas.

→ ¿Qué es la optimización de red?, de:
<https://www.ibm.com/es-es/topics/network-optimization>.

> Artículo que aborda las estrategias y técnicas utilizadas para mejorar el rendimiento y la fiabilidad de las redes, incluyendo la monitorización y gestión de recursos de red.

→ ¿Qué es un modelo de IA previamente entrenado?, de:
<https://la.blogs.nvidia.com/blog/que-es-un-modelo-de-ia-previamente-entrenado/#:~:text=Un%20modelo%20de%20IA%20previamente%20entrenado%20es%20un%20modelo%20de,una%20aplicaci%C3%B3n%20en%20m%C3%BAltiples%20industrias>.

> Este recurso describe qué son los modelos de IA previamente entrenados, cómo se desarrollan y las ventajas de utilizarlos en diversas industrias para acelerar el desarrollo de soluciones basadas en IA.

→ ¿Qué es una red neuronal recurrente (RNN)?, de:
<https://www.ibm.com/es-es/topics/recurrent-neural-networks>.

> Este recurso explica las características de las redes neuronales recurrentes, su capacidad para procesar datos secuenciales y su aplicación en tareas como el procesamiento del lenguaje natural y el reconocimiento de voz.

→ ¿Qué son las redes neuronales? Tipos y funciones, de:
<https://www.inesdi.com/blog/que-son-las-redes-neuronales/>.

> Este recurso profundiza en los diferentes tipos de redes neuronales, como las convolucionales y recurrentes, y sus funciones específicas en el ámbito de la inteligencia artificial.

→ ¿Qué son las redes neuronales?, de:
<https://www.ibm.com/es-es/topics/neural-networks>.

> Este artículo introduce el concepto de redes neuronales artificiales, su inspiración en el cerebro humano, su estructura básica y su aplicación en la resolución de problemas complejos.

→ Herramientas modernas en redes neuronales: la librería *Keras,* de: <https://repositorio.uam.es/handle/10486/677854>.

> Este recurso explora el uso de *Keras* como una herramienta de alto nivel para la construcción y entrenamiento de redes neuronales, facilitando el desarrollo de modelos de aprendizaje profundo.

→ Inteligencia artificial: definición, historia, usos, peligros, de: <https://datascientest.com/es/inteligencia-artificial-definicion>.

> Este artículo ofrece una visión integral de la inteligencia artificial (IA), abarcando su definición, evolución histórica, aplicaciones actuales y los riesgos asociados a su implementación.

→ La historia de la inteligencia artificial: desde sus orígenes hasta el presente, de: <https://medium.com/@natisr/historia-de-la-inteligencia-artificial-63277f78fe2c>.

> Este recurso traza la evolución de la IA desde sus inicios hasta la actualidad, destacando hitos clave y avances tecnológicos que han moldeado su desarrollo.

→ Optimización distribuida de redes convolucionales para la clasificación de imágenes, de: <https://rcs.cic.ipn.mx/2019_148_7/Optimizacion%20Distribuida%20de%20Redes%20Convolucionales%20para%20la%20Clasificacion%20de%20Imagenes.pdf>.

> Este documento presenta una metodología para mejorar los tiempos de ejecución en la optimización de hiperparámetros de redes convolucionales mediante técnicas de computación distribuida.

→ Tutorial de redes neuronales recurrentes (RNN), de: <https://www.datacamp.com/es/tutorial/tutorial-for-recurrent-neural-network>.

> Este tutorial ofrece una guía práctica sobre cómo implementar y entrenar redes neuronales recurrentes. Incluye ejemplos y aplicaciones en predicción de series temporales.

→ Una sencilla red neuronal en *Python* con *Keras* y *Tensorflow,* de: <https://www.aprendemachinelearning.com/una-sencilla-red-neuronal-en-python-con-keras-y-tensorflow/>.

> Este artículo proporciona un ejemplo práctico de cómo construir una red neuronal simple utilizando *Python*, *Keras* y *TensorFlow* enfocándose en la implementación de una compuerta XOR.